OSTALLGÄU UND TANNHEIMER TAL

Bernhard Irlinger

Mit Tourenkart

BRUCKMANN

DER AUTOR

Bernhard Irlinger arbeitet als freier Journalist. Neben der sportlichen Betätigung in freier Natur gilt sein Interesse der Kultur und Geschichte vor allem Europas. In der Reihe »Wandern Kompakt« hat er die Bände Schottland und Oberallgäu/Kleinwalsertal veröffentlicht. Außerdem liegen die Radführer Oberbayern, Irland, Toskana und Donauradweg vor.

Produktmanagement: Anette Späth, Breisach
Lektorat: Solveig Michelsen, München
Layout: Werner Kopp, Hebertshausen
Kartografie: Heidi Schmalfuß, München
Herstellung: Thomas Fischer
Printed in Italy by Printer Trento

Alle Angaben dieses Werkes wurden vom Autor sorgfältig recherchiert und auf den aktuellen Stand gebracht sowie vom Verlag geprüft. Für die Richtigkeit der Angaben kann jedoch keine Haftung übernommen werden. Für Hinweise und Anregungen sind wir jederzeit dankbar. Bitte richten Sie diese an:

Bruckmann Verlag
Postfach 40 02 09
D-81702 München
E-Mail: lektorat@bruckmann.de

Titelfoto: Vom Tegelberg geht der Blick über die Berge, Seen und Schlösser des Ostallgäu (Tour 9).
S.1: Über dem Pöllat-Tal erhebt sich der wuchtige Felsgipfel des Säuling (Tour 10).
Bildnachweis: Alle Fotos vom Autor.

Die Deutsche Nationalbibliothek – CIP-Einheitsaufnahme
Ein Titeldatensatz für diese Publikation ist bei der Deutschen Nationalbibliothek erhältlich.

Aktualisierte Neuauflage

ISBN 978-3-7654-4131-8

PIKTOGRAMME ERLEICHTERN DEN ÜBERBLICK:

Schwierigkeitsgrad:

○ leicht	Weglänge
◐ mittel	Gehzeit
● anspruchsvoll	kindgerecht

Nahe Schwangau liegt inmitten sanfter Wiesen die Wallfahrtskirche St. Coloman

Inhalt

30 Wanderungen

Im malerischen Hopfensee spiegelt sich der blaue Herbsthimmel (Tour 13)

Im Herzen der Ammergauer Alpen erheben sich beeindruckende Felsberge.

Wandern im Ostallgäu und Tannheimer Tal

Vor den Bergen, in den Bergen

An der Grenze von Deutschland und Österreich liegt im Einzugsgebiet des Lech eine der beliebtesten Ferienregionen im gesamten Alpenbereich. Alljährlich pilgern Millionen von Touristen zum weltberühmten Schloss Neuschwanstein, das vielen als Inbegriff bayerischer Romantik gilt. Doch die Region hat abseits dieses Touristenmagneten noch viel mehr zu bieten. Das grüne, sanft gewellte Alpenvorland lockt mit stillen Wegen, malerisch gelegenen Seen und dem herrlichen Blick zu den stets nahen Bergen. Verstreut liegen die Bauernhöfe und Dörfer mit ihren barocken Kirchen und alten Dorfgasthöfen. Das zentral gelegene Füssen ist wohl der geschichtsträchtigste und malerischste Ort im deutschen Alpenraum. Und außerhalb der Hauptsaison kann man auch die Faszination der Königsschlösser bei Neuschwanstein auf sich wirken lassen.

Eine völlig andere Welt bietet dem Bergsteiger das Hochgebirge. Im Osten locken die abgelegenen Ammergauer Alpen mit ihren markanten Felsgipfeln, die teils nur auf schwierigen Wegen zu erreichen sind. Im Süden trennen die spitzen Felshörner der Tannheimer Berge das Ostallgäu vom herrlichen Tannheimer

Hochtal, das auf österreichischem Gebiet liegt. Einige Seilbahnen erleichtern den Vorstoß ins Hochgebirge, das so auch dem Normalwanderer zugänglich wird. Erfahrene Bergsteiger finden jedoch abgelegene und anspruchsvolle Gipfelziele, die unvergessliche Eindrücke bereithalten. So bietet diese Region für jedes Alter und jedes Können eine breite Tourenpalette für mehr als einen Bergsommer.

Stein auf Stein

Die Landschaft im gesamten Tourengebiet ist geprägt von den Alpen. Die Gesteine der Hochgipfel wurden vor ca. 200 Millionen Jahren im tropischen Triasmeer abgelagert. In flachen, mit frischem Meerwasser gefüllten Becken wurden Kalke gebildet, die heute als schroffe, aus so genanntem Wettersteinkalk aufgebaute Felsgipfel in den Tannheimer Bergen und den Ammergauer Alpen aufragen. Dank des harten Gesteins sind diese Berge für Kletterer ein beliebter Spielplatz. In sehr salzreichem Wasser kam es zur Bildung von Dolomitgestein. Der brüchige Hauptdolomit, der die mächtigsten Gipfel der Allgäuer Alpen aufbaut, erodiert zu bizarren Felsgestalten, zu deren Füßen sich ausgedehnte Schotterflächen ausbreiten.

Ohne Mühen schwebt man mit der Seilbahn hinauf in das Wandergebiet am Tegelberg.

Vor ca. 80 Millionen Jahren bildete sich am Übergang von der Kreide zum Tertiär ein Tiefseegraben, in dem feine, merglige Sedimente abgelagert wurden. Von den steilen Seitenhängen rutschten immer wieder verschiedenartige Ablagerungen in den Graben und sorgten für eine verwirrende Gesteinsvermengung. Das unter diesen Verhältnissen entstandene Gestein nennt man Flysch. Es bildet die sanft geformten Berge am Alpenrand, für die der Edelsberg bei Nesselwang und der Buchenberg bei Buching als Beispiel dienen.

Im Tertiär begann die Hebung der Alpen und mit dem Aufsteigen der

Gipfel setzte sogleich ihre Abtragung ein. Flüsse schütteten das erodierte Material in das nun entstehende so genannte Molassebecken, das sich am Nordrand der Alpen entlangzieht und heute mit bis zu 5000 Meter mächtigen Ablagerungen gefüllt ist. Sie bestehen großteils aus Sandsteinen und Konglomeraten, die im Allgäu wegen des Gerölls, das an der Oberfläche wie Nagelköpfe auswittert, Nagelfluh genannt wird. In der Nähe der Alpen wurde die Molasse in die Gebirgsfaltung miteinbezogen, und es entstanden Voralpenerhebungen wie der Auerberg.
Vor ca. 2 Millionen Jahren setzte dann die Eiszeit ein, die das Bild der Landschaft entscheidend überarbeitete. Mächtige Gletscher schürften die Täler aus und schütteten im Alpenvorland Moränenwälle auf, die bis heute malerische Seen aufstauen. Kleinere Seitengletscher schürften in den Bergen Kare aus und formten die Gipfel zu stolzen Felshörnern. Erst vor ca. 10000 Jahren endete die Eiszeit. Seither ist es der Mensch, der durch Rodungen, Siedlungs- und Straßenbau, Flussbegradigungen und den Bau von Stauwerken das Bild der Landschaft am nachhaltigsten prägt.

Murmeltier und Enzian

Ein Puzzle aus Wäldern und Weiden bestimmt das Landschaftsbild im Ostallgäu und Tannheimer Tal und gibt einer Vielzahl von Tier- und Pflanzenarten Lebensraum. Neben den von Fichten dominierten Wirtschaftswäldern findet man auch noch artenreiche

Stundenlang können junge Murmeltiere miteinander spielen und tollen.

Top-Ten-Wanderungen

- **Rund um den Vorderscheinberg**
  Leichte Panoramarunde in den Ammergauer Alpen (Tour 4)
- **Über die Hochplatte**
  Felstour auf den höchsten Gipfel der Ammergauer Alpen (Tour 5)
- **Vom Tegelberg nach Neuschwanstein**
  Abwärts zum Märchenschloss (Tour 9)
- **Von Hohenschwangau auf den Säuling**
  Steiler Paradeberg über den Königsschlössern (Tour 10)
- **Eisenberg und Hohen-Freyberg**
  Voralpentour zu den mächtigsten Allgäuer Burgruinen (Tour 15)
- **Vom Breitenberg zum Aggenstein**
  Eindrucksvolles Felshorn zwischen Pfronten und dem Tannheimer Tal (Tour 17)
- **Von Zöblen auf den Schönkahlen**
  Familientour zum stillen Aussichtsgipfel (Tour 20)
- **Über die Landsberger Hütte zur Lachenspitze**
  Dunkle Felswände über romantischen Bergseen (Tour 23)
- **Vom Füssener Jöchl zur Großen Schlicke**
  Einfacher Wanderberg mit großer Aussicht (Tour 27)
- **Auf die Rote Flüh**
  Ausflug in das Reich der extremen Kletterer (Tour 29)

Bergmischwälder. In höheren Lagen bestimmen oftmals Lärchen und über der Baumgrenze die widerstandsfähigen Latschen das Bild.

Während der gesamten Bergsaison bringt eine Vielzahl von Blütenpflanzen Farbe in die karge Hochgebirgswelt. Im Frühjahr überziehen Krokusteppiche die Wiesen, die gelben Blüten der Aurikel leuchten an sonnigen Felshängen und die filigranen Soldanellen durchbrechen die Schneedecke. Im Frühsommer entdeckt man die blauen Kelche des stängellosen Enzians, die weit verbreitete Akelei und den seltenen Türkenbund. In höheren Lagen blühen bald der äußerst giftige Eisenhut, die verschiedenen Formen der Alpenrose und der gelbe Enzian. Viel Glück braucht man, um einen Frauenschuh oder ein Edelweiß zu entdecken. Im Herbst sorgen auf den ausgetrockneten Bergmatten die Silberdisteln für Abwechslung.

Durch die Mauern der Ruine Eisenberg strahlt der blaue Himmel (Tour 15).

Neben der Pflanzenwelt lädt auch die Fauna zu schönen Entdeckungen ein. Für jeden Wanderer ist es ein besonderes Erlebnis, an Herbstabenden dem Röhren der Hirsche zu lauschen. In höheren Lagen begeistern die Kletterkünste der Gämsen, und die verspielten Murmeltiere, die auf hoch gelegenen Almböden in größeren Kolonien zusammenleben, sind nicht nur die Lieblinge der Kinder. Ständige Besucher bei einer Gipfelrast sind die Dohlen, die um ihren Anteil an der Brotzeit betteln. Greifvögel wie Bussard, Falke und die seltenen Steinadler ziehen auf der Suche nach Beute am Himmel ihre Kreise. Nur sehr selten bekommt man Schnee- und Birkhuhn oder einen Auerhahn zu Gesicht. Ebenfalls im Verborgenen leben der Schneehase und die Kreuzotter, die bei geringster Störung die Flucht ergreifen. Der schwarze Bergsalamander ist vor allem nach nächtlichen Regenfällen häufig auf den Bergpfaden unterwegs.

Der Mensch und die Berge

Schon in der Stein- und Bronzezeit durchschweiften die Menschen das Allgäu und hinterließen erste Spuren. Im ersten vorchristlichen Jahrtausend ließen sich dann die Kelten als erste sicher nachgewiesene Siedler im Allgäu nieder. Im Jahre 15 v. Chr. eroberten die Römer das nördliche Alpenvorland. 47 n. Chr. bauten sie die Via Claudia Augusta, die Rom mit der rätischen Provinzhauptstadt Augusta Vindelicorum, dem heutigen Augsburg, verband. Sie lief von Italien über Reschen- und Fernpass und folgte dann dem Lauf des Lech. Ab dem 3. Jh. drangen die Alemannen immer wieder in das Allgäu ein, das sie schließlich nach und nach besiedelten. Sie rodeten die Urwälder und begründeten die Viehwirtschaft. Bald gerieten die Alemannen unter den Einfluss der Franken, die ab dem 7. Jh. die Christianisierung vorantrieben.

Im 11. Jh. entstand unter Führung der Staufer ein schwäbisches Herzogtum, das im 13. Jh. wieder zerfiel. Das Allgäu wurde zu

einem Flickenteppich verschiedener adliger und kirchlicher Herrschaftsgebiete. Am Ende des Mittelalters blühten Wirtschaft und Handel auf. Doch die Bauern stöhnten in Zeiten eines sich verschlechternden Klimas unter dem unerträglichen Abgabendruck der Grundherren. Der Unmut der Bauernschaft gipfelte 1525 im blutig niedergeschlagenen Bauernkrieg, der ein verwüstetes Land zurückließ.
Nach einer kurzen Erholungsphase hinterließen die Schwedenüberfälle im Dreißigjährigen Krieg und die Pest ein großteils zerstörtes und entvölkertes Allgäu. Nur langsam erholte sich im 18. Jh. das Land, ehe Anfang des 19. Jh. der nicht von allen Allgäuern begrüßte Anschluss an Bayern vollzogen wurde. Doch unter bayerischer Verwaltung fand das Allgäu die nötige Ruhe, um seine wirtschaftlichen Verhältnisse zu ordnen.
Im 19. Jh. bekam das Allgäu zwei entscheidende Impulse, die das Wirtschaftsleben bis heute maßgeblich beeinflussen. Zum einen stellte die Landwirtschaft von Flachsanbau und Fleischerzeugung auf die lukrativere Milchwirtschaft und Käseerzeugung um. Zum anderen wurde das Gebiet nicht zuletzt dank der Allgäubegeisterung des bayerischen Königshauses als romantisches Urlaubsziel entdeckt. Mit dem Bau der ersten Eisenbahnstrecke begann die Entwicklung des Tourismus, der bis heute ein wesentliches wirtschaftliches Standbein geblieben ist.

Das Frühjahr verzaubert mit seiner Blumenpracht das Alpenvorland.

Das Voralpenland bietet zahlreiche einfache Familienwanderungen.

Tourenauswahl und touristische Informationen

Die hier vorgestellten Touren erschließen von den Hügeln im Vorland bis zu den Hochgipfeln der Allgäuer und Ammergauer Alpen die verschiedenen Höhenlagen und geologischen Zonen des Ostallgäus und des zu Österreich gehörenden Tannheimer Tales. Je nach Wetterlage, Jahreszeit und Fähigkeit kann so jeder die unterschiedlichen Facetten dieses herrlichen Landstrichs erleben. Kurze Familienwanderungen sind ebenso im Programm wie lange, anstrengendere Hochtouren mit anspruchsvollen Wegpassagen. Die Schwierigkeitsbewertung erfolgt nicht nach der Länge einer Tour, sondern ausschließlich anhand der gehtechnischen Schwierigkeiten. Leichte Wanderungen verlaufen auf Wegen, die auch von weniger geübten Wanderern gefahrlos zu begehen sind. Anspruchsvolle Touren verlangen aufgrund der Wegbeschaffenheit Trittsicherheit und ein gewisses Maß an Schwindelfreiheit.

Die angegebenen Zeiten verstehen sich als reine Gehzeiten ohne Pausen. Die Zeiten sind nach einem festen Schema berechnet und sollen lediglich eine Richtlinie geben, an der sich jeder entsprechend seiner eigenen Geschwindigkeit orientieren kann.

Nachfolgend sind einige Stichpunkte in alphabetischer Reihenfolge aufgeführt, die sowohl den Urlaub als auch das Wandern und Bergsteigen im Ostallgäu und im Tannheimer Tal betreffen.

Alpiner Wetterbericht

▶ *Wetterbericht von Euromet-Alpin:*
für die Ostalpen Tel. 0190/11 60 18,
für die Bayerischen Alpen Tel. 0190/11 60 19

▶ *Wetterbericht des Deutschen Alpenvereins:*
Tel. 089/29 50 70 und unter www.alpenverein.de

▶ *Wetterberatung des Österreichischen Alpenvereins*
(Mo–Sa von 13–18 Uhr): ++43/(0)512/29 16 00

Anreise

▶ Mit eigenem Fahrzeug ist das Ostallgäu von Westen über die A 7 und von Norden über die B 16 und B 17 (Romantische Straße) zu erreichen. Die Straßen von Südwesten (Lechtal), Süden (Fernpass) und Osten (Oberammergau) treffen in Reutte zusammen und führen von dort in das nahe Oberallgäu.

▶ Vom südlich von Reutte im Inntal gelegenen Weißbach läuft die österreichische B 199 durch das Tannheimer Tal zum Oberjoch, wo sie Anschluss an das Oberallgäuer Straßennetz findet. Zusätzlich ist das Tannheimer Tal von Pfronten aus auf der Straße durch das Engetal zu erreichen.

Über den Alpsee geht der Blick zum Schloss Neuschwanstein und zum Tegelberg (Tour 11).

▶ Mit der Bahn sind Füssen und Pfronten zu erreichen. Die Bahnstrecke über Pfronten führt weiter nach Reutte, von wo aus man mit dem Bus ins Tannheimer Tal gelangen kann.

Auskunft

Informationen über das Ostallgäu:
▶ *Tourismusverband Ostallgäu,* Schwabenstr. 11, 87616 Marktoberdorf, Tel. 08342/91 13 13, www.ostallgaeu-tourismus.de
Informationen über das Tannheimer Tal:
▶ *Tourismusverband Tannheimer Tal,* Oberhöfen 110, A-6675 Tannheim, Tel. +43/(0)5675/6 22 00, www.tannheimertal.com
Grenzüberschreitende Informationen:
▶ *Allgäu-Tirol Vitales Land,* Schwabenstraße 11, 87616 Marktoberdorf, Tel. 08342/91 14 74, www.vitalesland.com
Örtliche Auskunftsbüros sind bei den jeweiligen Touren aufgeführt.

Ausrüstung

Für nahezu alle Touren in diesem Band sind feste Wander- oder Bergschuhe unerlässlich. Am wohlsten fühlt sich der Körper in spezieller Bergbekleidung, die den Schweiß nicht aufsaugt, sondern nach außen abführt. Moderne, wind- und wasserdichte Oberbekleidung sollte bei jeder Tour dabei sein, um für einen Wetterumschwung gerüstet zu sein. Ausreichende Verpflegung und ein großzügig bemessener Getränkevorrat versüßen nicht nur die Pausen, sondern können im Notfall überlebenswichtig sein. Eine kleine Apotheke, Sonnenschutzmittel und eine Taschenlampe für Notfälle finden in jedem Rucksack Platz. Wanderstöcke entlasten nicht nur die Knie, sondern geben auf Geröll und Altschnee zusätzliche Sicherheit. Mit einem Mobiltelefon kann man auch im Hochgebirge unter der Nummer 112 (die auch ohne Netzkarte zu erreichen ist) meist schnelle Hilfe organisieren. Auf keinen Fall aber sollte man durch die vermeintlich größere Sicherheit, die ein Mobiltelefon verspricht, zusätzliche Risiken auf sich nehmen!

Bergführer

In vielen größeren Orten bieten Bergführer ihre Dienste an. Für nähere Auskünfte wende man sich an die örtlichen Fremdenverkehrsbüros.

Camping

Im Ostallgäu und im Tannheimer Tal steht eine große Auswahl schön gelegener Campingplätze zur Verfügung. Nähere Auskünfte erhält man bei den oben angegebenen Informationsbüros.

Fernwanderwege im Tourengebiet

▶ *Maximiliansweg* (Teil des Europäischen Fernwanderweges E4): Lindau – Berchtesgaden;
▶ *König-Ludwig-Weg:* Starnberg – Füssen;
▶ *Ostallgäuer Höhenweg:* Nesselwang – Halblech
▶ *Lech-Höhenweg:* Landsberg – Füssen.

Jugendherberge

Jugendherberge Füssen, Mariahilfstr. 5, 87629 Füssen, Tel. 08362/7754.

Karten

Am besten für Bergtouren geeignet ist das Kartenblatt »Füssen« des Bayerischen Landesvermessungsamtes im Maßstab 1:50000, das das gesamte Tourengebiet abdeckt.

Notfall

Die Leitstelle der alpinen Rettungsdienste erreicht man im Allgäu unter der Nummer 19222; auf österreichischer Seite gilt die

Blick vom Tegelberg auf das Ostallgäu (links, Tour 9)

Über dem Gräner Höhenweg durchstoßen die Tannheimer Berge die Wolken (Tour 28).

Nummer 144. Im Notfall wählt man am besten die 112, die von Mobiltelefonen auch ohne Netzkarte zu erreichen ist.
Als alpines Notfallsignal gilt ein optisches oder akustisches Zeichen, das sechsmal in der Minute wiederholt wird. Nach einer Minute Pause wird das Signal erneut gesendet. Wird ein Notfallsignal erkannt, wird mit dreimaligem Zeichen in der Minute geantwortet. Um bei Bedarf schnell gefunden zu werden, sollte man unbedingt bei Familie, Freunden oder Vermietern das angestrebte Tourenziel und den Rückkehrtermin hinterlassen. Bei Übernachtungen auf Hütten empfiehlt es sich, das Wanderziel im Hüttenbuch einzutragen.

Öffentliche Verkehrsmittel

Das Ostallgäu und das Tannheimer Tal besitzen ein gut ausgebautes öffentliches Verkehrsnetz. Die Ausgangspunkte der meisten beschriebenen Touren sind daher problemlos mit Bahn oder Bus zu erreichen.
Fahrplanauskünfte erteilt auf deutscher Seite:

- *Fahrplanauskunft der Deutschen Bahn:* Tel. 19419 und www.bahn.de

Fahrplanauskunft für Busse im Allgäu:

- *Regionalverkehr Allgäu (RVA),* Tel. 08362/9390505;
- *Linienverkehr »Komm mit«,* Tel. 08321/9077;

Fahrplanauskunft für Busse im Tannheimer Tal:
▶ *Tourismusverband Tannheimer Tal,* Oberhöfen 110, A-6675 Tannheim, Tel. +43/(0)5675/62200, www.tannheimertal.com

Reise- und Wanderzeit

Die Tourenauswahl dieses Bandes bietet Wanderungen für nahezu jede Jahreszeit. Selbst im Winter lassen sich bei wenig Schnee einige der Voralpentouren unternehmen. Die niedrigeren und nach Süden exponierten Touren sind die richtigen Ziele für das Frühjahr und den Spätherbst. Ab Juni kann man sich an die beschriebenen Hochtouren wagen. Dabei ist zu bedenken, dass an nordseitigen Wegstrecken Altschneereste bis weit in den Juni hinein Probleme bereiten können. Im Hochsommer können die Hochgipfel gefahrlos bestiegen werden. Die nun vermehrt auftretenden Gewitter erfordern jedoch eine genaue Wetterbeobachtung. An sehr heißen Tagen locken in dieser Zeit wieder die Touren am Alpenrand mit einem erfrischenden Bad in einem der zahlreichen Seen. Schönste Jahreszeit für ausgedehnte Bergtouren ist zweifellos der Herbst. Die Temperaturen sind wieder angenehm und die klare Luft ermöglicht grenzenlose Fernblicke.

Der mächtige Säuling überragt die Wasserfläche des Alpsees (Tour 11).

Telefonvorwahl

Bei Gesprächen von Österreich nach Deutschland wählt man zuerst die Landesvorwahl 0049, bei Telefonaten von Deutschland nach Österreich die 0043. Nach der Landesvorwahl entfällt jeweils die 0 am Anfang der Ortsvorwahl.

Unterkunft

Für den Urlauber steht im Ostallgäu und Tannheimer Tal eine unübersehbare Fülle an Unterkünften von einfachen Zimmern über Ferienwohnungen bis zu Luxushotels bereit. Für Beratung und Buchungen stehen die jeweiligen Informationsbüros gerne zur Verfügung.

Geheimnisvoll leuchtet Schloss Neuschwanstein im Morgenlicht.

Die wichtigsten Orte und ihre Sehenswürdigkeiten

Füssen

▶ *Höhe:* 800 m

▶ *Einwohnerzahl:* 14 000

▶ *Lage:* Dort wo der Lech das Hochgebirge verlässt, liegt die altehrwürdige Stadt Füssen.

▶ *Geschichte:* 47 n. Chr. erbauten die Römer die Via Claudia Augusta, die von Italien aus über den Reschen- und Fernpass und weiter am Lech entlang nach Augsburg führte. An dieser Straße wurde am Ausgang aus den Alpen eine Siedlung erbaut und im 3. Jh. auf dem Schlossberg eine Befestigung errichtet. Der Name der hier stationierten römischen Garnison, »Foetibus«, klingt noch im heutigen Stadtnamen nach.

Im 8. Jh. gründete hier der Mönch Magnus, bekannt als Schwabenheiliger St. Mang, eine Mönchszelle, von der aus er das Allgäu christianisierte. Aus der Einsiedelei entstand im 9. Jh. das bedeutende Kloster, um das das 1267 zur Stadt erhobene Füssen wuchs. Es wurde im Mittelalter ein wichtiger Handelsplatz an der Reichsstraße, die dem Verlauf der alten Römerstraße folgte. Berühmt war Füssen vom 16. bis in das 18. Jh. als Zentrum der europäischen Lautenmacherei. Allerdings erlitt die Stadt in dieser

Zeit immer wieder Rückschläge durch die Verwüstungen, die die Bauernkriege, die Schwedenüberfälle im Dreißigjährigen Krieg und ein großer Stadtbrand hinterließen. Die seit dem Mittelalter andauernde Herrschaft der Augsburger Bischöfe über Füssen endete 1803, als die Stadt zu Bayern kam.

▶ *Sehenswertes:* In der Altstadt von Füssen sind noch Bürgerhäuser aus dem 15. und 16. Jh. und Reste der um 1500 erbauten Stadtmauer zu bewundern. Über der Stadt thront das Hohe Schloss, das um 1500 aus einer mittelalterlichen Burg entstanden ist. Rund um einen weiten Innenhof gruppieren sich die Gebäude mit dem Rittersaal, der von einer geschnitztten spätgotischen Kassettendecke überspannt wird, dem barocken Fürstenflügel, der im 17. Jh. entstandenen Schlosskapelle und dem Nordflügel, in dem eine Sammlung spätgotischer Kunstwerke gezeigt wird. Keimzelle von Füssen ist das am Lech gelegene Kloster. Die barocke Klosterkirche wurde auf den Grundmauern einer Vorgängerkirche erbaut. In der Magnuskapelle werden die Reliquien des heiligen Magnus aufbewahrt und in der Annakapelle beeindruckt ein kurz nach 1600 geschaffener Totentanz. Beeindruckendster Teil ist jedoch die im 9. Jh. erbaute Magnuskrypta mit Fresken aus dem 9. und 10. Jh. Die um 1700 erbaute Klosteranlage besticht durch den herrlichen barocken Festsaal und die mit einem großen Deckenfresko verzierte Bibliothek. Im ehemaligen Kloster ist heute das sehenswerte Museum der Stadt Füssen untergebracht. Im Stadtgebiet findet man mit der Franziskanerkirche, der Krippenkirche St. Nikolaus, der Spitalkirche und der Frauenkirche am Berg weitere sehenswerte barocke Gotteshäuser. Ein kurzer Spaziergang führt zum tosenden Lechfall (Tour 12) und eine Wanderung auf den südlich gelegenen Kalvarienberg (Tour 12).

▶ *Auskunft:* Füssen Tourismus, Kaiser-Maximilian-Platz 1, 87629 Füssen, Tel. 08362/93 85-0, www.fuessen.de

Halblech

▶ *Höhe:* 810 m

▶ *Einwohnerzahl:* 3400

▶ *Lage:* Die aus mehreren Dörfern bestehende Gemeinde Halblech liegt nordöstlich von Füssen an der Romantischen Straße.

▶ *Sehenswertes:* Die 1716 geweihte Pfarrkirche St. Michael im Ortsteil Bayerniederhofen besticht durch ihre wertvolle barocke

Ausstattung. Der feine Stuck, die Fresken, Altäre, das Chorgestühl und die Kanzel fügen sich zu einem harmonischen Ganzen. An der linken Seite des Choreingangs verdient eine spätgotische Anna-Figur Beachtung. Im Ortsteil Buching findet alljährlich am dritten Sonntag im September ein Alpabtrieb mit anschließendem Viehmarkt statt. In Halblech startet die Kleinbuslinie zur Kenzenhütte im Herzen der Ammergauer Alpen, dem größten Naturschutzgebiet in Bayern (Touren 4, 5 und 6). 10 km nördlich von Halblech liegt schon auf oberbayerischem Gebiet der Ort Steingaden mit seinem bemerkenswerten Kloster. Von Steingaden führt ein kurzer Abstecher zur Wieskirche, dem herrlich gelegenen Rokoko-Juwel, das zum UNESCO-Weltkulturerbe zählt.

▶ *Auskunft:* Gästeinformation Halblech, Bergstr. 2a, 87642 Halblech, Tel. 08368/2 85, www.halblech.de

Nesselwang

▶ *Höhe:* 870 m

▶ *Einwohnerzahl:* 3500

▶ *Lage:* Nesselwang liegt nordwestlich von Pfronten am Fuß der Alpspitze und ist über die B 309/310 zu erreichen.

▶ *Geschichte:* Römische Funde lassen auf eine frühe Besiedlung des Gebietes schließen. Rund um eine wohl schon im 8. Jh. bestehende Urkirche, die der Legende nach der hl. Magnus erbaut haben soll, wuchs der Ort, der 1429 die Marktrechte erhielt. Nesselwang hatte unter dem Dreißigjährigen Krieg schwer zu leiden und fiel im Jahre 1635 fast vollständig einem Brand zum Opfer. Heute ist Nesselwang, das sich mit dem Titel »höchst gelegenes Brauereidorf Deutschlands« schmückt, vor allem als Urlaubs- und Luftkurort bekannt.

▶ *Sehenswertes:* Die 1906 an Stelle älterer Vorgängerbauten errichtete neubarocke Pfarrkirche mit schöner barocker Ausstattung. An der Hauptstraße liegt das Brauereimuseum (Auskunft Tel. 08361/3 09 10). Südlich über dem Ort findet man an den Hängen der mit einer Sesselbahn erschlossenen Alpspitz die barocke Wallfahrtskirche Maria Trost (Tour 18) und die Reste der mittelalterlichen Nesselburg. 2 km nördlich von Nesselwang steht in Maria Rain in schöner Lage die Pfarr- und Wallfahrtskirche Unsere Liebe Frau mit sehenswerter gotisch-barocker Ausstattung.

▶ *Auskunft:* Tourist-Information, Lindenstr. 16, 87484 Nesselwang, Tel. 08361/923040, www.nesselwang.de

Pfronten

▶ *Höhe:* 850 m

▶ *Einwohnerzahl:* 7700

▶ *Lage:* Die aus 13 Ortsteilen bestehende Gemeinde Pfronten liegt westlich von Füssen in einem weiten Talkessel am Rande der Alpen.

▶ *Geschichte:* Der Name der Gemeinde geht auf das römische Lager »Castrum Ad Fontes« zurück. Das später von Alemannen besiedelte Tal gehörte ab 1290 zum Augsburger Hochstift. Die verstreuten, im Laufe der fortschreitenden Rodungen entstandenen 13 Ansiedlungen schlossen sich schon im Mittelalter zu einer Gemeinschaft zusammen. Im Jahre 1459 wurde den Bauern durch das »Pfrontner Göttliche Gericht« eine weitgehende, für die damalige Zeit ungewöhnliche Selbstständigkeit zugesichert. Dank seiner günstigen Lage entwickelte sich Pfronten ab dem 19. Jh. zu einem der bekanntesten Fremdenverkehrszentren im Ostallgäu.

▶ *Sehenswertes:* Im Ortsteil Berg steht die barocke Pfarrkirche St. Nikolaus mit hoch aufragendem Turm. Im Inneren eindrucks-

Das Hohe Schloss wacht über der malerischen Altstadt von Füssen.

volle Fresken von 1780, eine schöne Barockkanzel und spätgotische Schnitzwerke. Die Leonhardskirche in Heitlern gefällt durch feinen Stuck, heitere Fresken und den barocken Hochaltar. In der barocken Martinskirche in Kappel findet man zwei spätgotische Figuren und in der Annakapelle in Rehbichel eine spätgotische Madonna und einen Ende des 15. Jh. geschaffenen Schreinaltar. Westlich über dem Ort steht auf steilem Fels die Burgruine Falkenstein (Tour 16) und einige Kilometer nördlich findet man auf zwei benachbarten Hügeln die mächtigen Burganlagen Eisenberg und Hohen-Freyberg (Tour 15).

▶ *Auskunft:* Tourismus Pfronten, Vilstalstr. 2, 87454 Pfronten-Ried, Tel. 08363/69888, www.pfronten.de

Schwangau

▶ *Höhe:* 790 m

▶ *Einwohnerzahl:* 3800

▶ *Lage:* Am Fuße der Alpen liegt östlich von Füssen an der Romantischen Straße der Kurort Schwangau.

▶ *Sehenswertes:* Am südlichen Ortsrand erheben sich die berühmten Königsschlösser Neuschwanstein (Touren 8, 9 und 10) und Hohenschwangau (Touren 11 und 12). In den Wiesen östlich von Schwangau steht die herrlich gelegene Wallfahrtskirche St. Coloman. Das 1673 erbaute barocke Gotteshaus ist mit feinem Stuck, einem prächtigen Altar und vorzüglichen gotischen Schnitzfiguren ausgestattet.

Alljährlich findet am zweiten Sonntag im Oktober zu Ehren des Kirchenpatrons der Colomansritt statt. An der nahen Talstation der Tegelbergbahn (Touren 7, 8 und 9) kann man die Reste eines römischen Gutshofes besichtigen.

▶ *Auskunft:* Tourist Information, Münchner Str. 2,
87645 Schwangau, Tel. 08362/8198-0, www.schwangau.de

Tannheimer Tal

▶ *Höhe:* 1050–1150 m

▶ *Einwohnerzahl:* 2500

▶ *Lage:* Auf ca. 1100 m durchzieht das Tannheimer Tal zwischen Weißbach am Lech und dem Oberjoch die Allgäuer Bergwelt. Verstreut im Tal liegen die Orte Nesselwängle-Haller, Grän-Haldensee, Tannheim, Zöblen und Schattwald.

▶ *Geschichte:* Schon die Römer legten aus strategischen Gründen um das Jahr 250 die Via Decia durch den Talgrund. Ab ca. 600 n. Chr. ließen sich im Tannheimer Tal alemannische Siedler nieder. Im Mittelalter kam das Tal zu Tirol. Ab dem 16. Jh. lief die Salzstraße von Hall in Tirol zum Bodensee durch das Tannheimer Tal. Sie brachte in einer Zeit, in der das sich verschlechternde Klima die alpine Landwirtschaft erschwerte, zusätzliche Einkunftsmöglichkeiten in die Dörfer. Im 19. Jh. versiegte diese Erwerbsquelle, und viele Einheimische verdienten als Maurer oder Stuckateure außerhalb des Tales ihren Lebensunterhalt. Heute ist es der Tourismus, der für den Wohlstand in diesem herrlichen Hochtal sorgt.

▶ *Sehenswertes:* In Grän findet man die bemerkenswert ausgestattete, 1789 erbaute Kirche des hl. Wendelin. Die barocke Pfarrkirche St. Nikolaus in Tannheim wurde 1725 erbaut. Sie besticht durch ein Deckenfresko des Jüngsten Gerichts und die 1580 gegossene Turmglocke. In Zöblen ist die 1795 erbaute Kirche des hl. Josef sehenswert. Im Tannheimer Tal, einem der schönsten Hochtäler der Alpen, steht jedoch die Natur im Vordergrund. Im Westen ragen die Tannheimer Kletterberge rund um Gimpel und Rote Flüh über dem Haldensee auf. Südlich von Tannheim beeindruckt der in einem engen Bergtal gelegene Vilsalpsee. Vom Tannheimer Tal aus erleichtern mehrere Seilbahnen den Zugang zu den mächtigen Hochgipfeln.

▶ *Auskunft: Tourismusverband Tannheimer Tal,* Oberhöfen 110, A-6675 Tannheim, Tel. +43/(0)5675/6 22 00, www.tannheimertal.com

Die Wege im Tannheimer Tal sind gut beschildert.

1 Von Stötten auf den Auerberg

Wallfahrtskirche und Römerwälle: Stötten – Römerweg – Auerberg – Römerweg – Stötten

Von Stötten aus leitet der Römerweg hinauf zur alten Wallfahrtskirche auf dem Gipfel des Auerbergs. Von dort bietet sich an klaren Tagen eine herrliche Aussicht zum Alpenbogen, und die Schutzwälle einer Siedlung erzählen vom Beginn der Römerzeit in Bayern.

leicht

8 km

3 Std.

ja

▶ **Tourencharakter:** Einfache Vorgebirgswanderung, die problemlos mit Kindern unternommen werden kann.
▶ **Beste Jahreszeit:** Frühjahr und Herbst.
▶ **Ausgangs- und Endpunkt:** Das Ortszentrum von Stötten.
▶ **Markierung:** Wegweiser.
▶ **Verkehrsanbindung:** Stötten liegt 7 km südlich von Marktoberdorf an der B 16. In Stötten Bushaltestelle der Linie Füssen–Marktoberdorf.
▶ **Einkehr:** In Stötten und auf dem Auerberg.
▶ **Unterkunft:** In Stötten und in den Dörfern rund um den Auerberg.
▶ **Tourist-Info:** Tourismusverein Stötten am Auerberg, Tel. 08349/92040.

Der Wegverlauf

Die Wanderung beginnt an der **Kirche** im Ortszentrum von **Stötten** (733 m). Wir gehen die Straße am Gasthof Sonne vorbei aufwärts und halten uns an der folgenden Kreuzung links (Wegweiser Auerberg, Römerweg). Nach wenigen Metern wandern wir auf schmaler Straße geradeaus (Wegweiser Auerberg über Römerweg). Neben einer Hinweistafel zur Geschichte des Auerbergs wieder geradeaus und über eine weiche Wiese sanft aufwärts. Wir überqueren einen Feldweg und steigen durch Wiesen bergan. Nun geradewegs auf einen Feldweg wechseln und ihm zu einem Bauernhof folgen. Hier wenden wir uns auf dem Teersträßchen nach rechts und wandern über einen Bach zum Westrücken des Auerbergs.

Bei erster Gelegenheit biegen wir links auf eine schmale Teerstraße (Wegweiser Auerberg) und kommen nach wenigen Metern

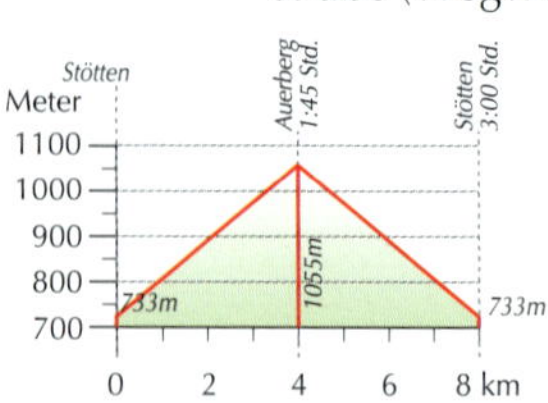

geradeaus auf einen Feldweg. An der ersten Weggabelung gehen wir rechts sanft aufwärts auf eine Antenne zu und biegen vor einer Holzhütte links in einen Wanderweg ein (Wegweiser Römerweg, Auerberg). Im Wald steigen wir über den Westrücken des Auerbergs aufwärts.

1

Bald ziehen auf der Südseite Wiesen bis zum Bergkamm herauf und öffnen uns den Blick auf die imposante Alpenkette. An einer Bank erläutert uns eine Panoramatafel die Aussicht, die von den Ammergauer Alpen bis zum Grünten reicht.

Immer nahe dem Bergrücken leitet uns der wundervoll weiche Waldweg über eine Kuppe in eine Senke. Von hier kurz auf breitem Weg bergauf (Wegweiser Auerberg). Der Weg wird bald wieder schmaler und führt zu einer Weggabelung am Rand einer Wiese. Nach der Runde über den Auerberg werden wir an dieser Stelle wieder auf den Aufstiegsweg treffen. Wir nehmen den linken Weg (Wegweiser Auerberg) und wandern über eine Wiese auf den Gasthof Auerberg zu. Bald schaut auch die Kirche vom Gipfel auf uns herab.

Von den sonnigen Wiesen am Auerberg geht der Blick zum Alpenbogen.

Am höchsten Punkt des Auerberges steht die mittelalterliche Wallfahrtskirche.

Nach einem Zaun gehen wir geradeaus über die Wiesen zu einem breiten Weg hinauf, der uns links in den Wiesensattel vor dem Auerberg bringt. Noch vor dem nahen **Gasthof** steigen wir links hinauf zur **Kirche** auf den höchsten Punkt des **Auerbergs** (1055 m). Eine enge Treppe hilft uns dort zur Aussichtsplattform, die in Schwindel erregender Höhe zwischen Turm und Kirchdach gespannt ist. Grenzenlos scheint an klaren Tagen der Blick hin zu den Alpen und über das grüne Alpenvorland zu sein.

Von der **Kirche** wandern wir jetzt wieder zurück in den Wiesensattel und biegen dort vom Sträßchen rechts in den breiten Wanderweg. Nun nicht rechts auf den Wiesenweg, den wir heraufgekommen sind, sondern geradeaus (Wegweiser Bernbeuren, Jägersteig, Römerrunde) zu den mächtigen **Wällen der römischen Siedlung**. Nicht links auf den Jägersteig, sondern auf dem breiten Weg geradeaus durch die Wallanlage. Der Feldweg führt uns durch die Wiesen abwärts zum Waldrand. Wo das Sandsträßchen nach links in die Wiesen umbiegt, gehen wir wenige Meter nach rechts zu einem **Kreuz**. An dieser Stelle beginnt ein schmaler Steig, der uns am Waldrand abwärts führt. Wir erreichen eine Wiese und treffen dort auf eine Wegspur. Wir gehen kurz rechts hoch in den Wald und treffen dort an einer Wegkreuzung auf unseren Aufstiegsweg. Links führt er uns über den Westrücken wieder hinab nach **Stötten** (733 m).

Der Auerberg

Nach der Eroberung des nördlichen Alpenvorlandes erbauten die Römer um 15. n. Chr. auf dem Gipfel des Auerberges eine durch mächtige Wälle gesicherte Siedlung. Schon nach wenigen Jahrzehnten wurde die Anlage auf dem zugigen Berggipfel wieder aufgegeben. Deutlich zeichnen sich bis heute die Verteidigungsanlagen im Gelände ab. Im Mittelalter wurde auf dem Berggipfel die Georgskirche erbaut. Im Inneren findet man ausgezeichnete Schnitzarbeiten wie die spätgotische Madonna von Jörg Lederer oder die Rosenkranzmadonna im Chorbogen aus dem 17. Jh. Eindrucksvoll ist die Aussicht von der Plattform, die über die enge Turmtreppe zu erreichen ist. Das Gotteshaus ist alljährlich am Sonntag nach dem 23. April Ziel einer Wallfahrt mit sehenswertem »Georgiritt«.

Rund um Roßhaupten

2

Vom Forggensee zum Buch: Roßhaupten – Mangmühle – Forggensee – Tiefentalkapelle – Kobus – Buch – Roßhaupten

Während der Alpenentstehung wurden die im Vorland gelegenen Ablagerungen, die so genannte Molasse, teilweise mit aufgefaltet. Südlich von Roßhaupten strecken sich die Kuppen der Molasseberge vom Ufer des Forggensees weit nach Westen. Ein aussichtsreicher Weg führt über den Kamm zum höchsten dieser kleinen Berge, dem Zwieselberg, der mit dem Rastplatz am so genannten Buch einen herrlichen Aussichtspunkt bietet.

▶ **Tourencharakter:** Eine einfache Wanderung, die auf breiten Wirtschafts- und schmalen Wanderwegen durch eine abwechslungsreiche Landschaft führt. Im Sommer kann man am Forggensee eine Badepause einlegen. Vom Buch hat man einen herrlichen Blick über den Forggensee und Schloss Neuschwanstein zu den Alpen.
▶ **Beste Jahreszeit:** Vom Frühjahr bis in den Spätherbst.
▶ **Ausgangs- und Endpunkt:** Die Kirche im Ortszentrum von Roßhaupten.
▶ **Markierung:** Wegweiser.
▶ **Verkehrsanbindung:** Roßhaupten liegt am nordwestlichen Ende des Forggensees nahe der B 16. Verschiedene Parkmöglichkeiten im Ort; Busverbindung in verschiedene Richtungen.
▶ **Einkehr:** In Roßhaupten.
▶ **Unterkunft:** In Roßhaupten.
▶ **Tourist-Info:** Verkehrsamt Roßhaupten, Tel. 08367/3 64.

leicht
8,5 km
3 Std.
ja

Der Wegverlauf

Neben der Kirche im Zentrum von **Roßhaupten** (815 m) gehen wir von der abknickenden Vorfahrtsstraße in die »Hauptstraße« benannte Nebenstraße, die am Eingang der Kirche vorbei nach Südwesten führt. An einem nahen Platz mit gusseisernem Brunnen auf der »Füssener Straße« nach links und nach wenigen Schritten links in den »Mangmühlenweg« (Wegweiser Mangmühle), der uns geradewegs aus dem Ort führt. Nun auf der schmalen Teerstraße über die Wiesen und nach der Bundesstraßenunterführung geradeaus auf einen Wirtschaftsweg (Wegweiser Mangmühle), der uns bald an Fischteichen vorbei zur **Mangmühle** bringt. Hier sollten wegen der Enten- und Gänsezucht alle Tore wieder sorgfältig verschlossen werden.

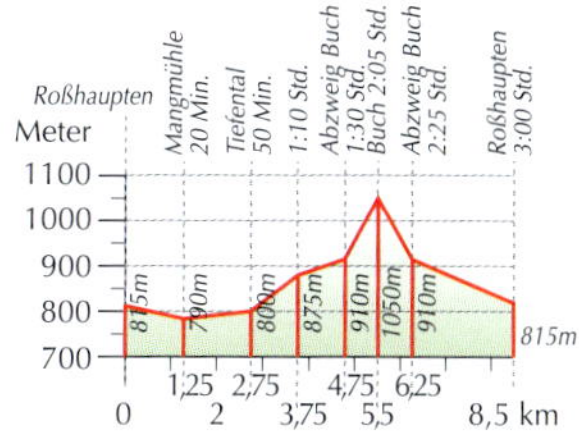

An der Mangmühle biegen wir nach dem letzten Teich rechts in einen Wirtschaftsweg, der sanft ansteigt. Bald an einer Weggabelung

2

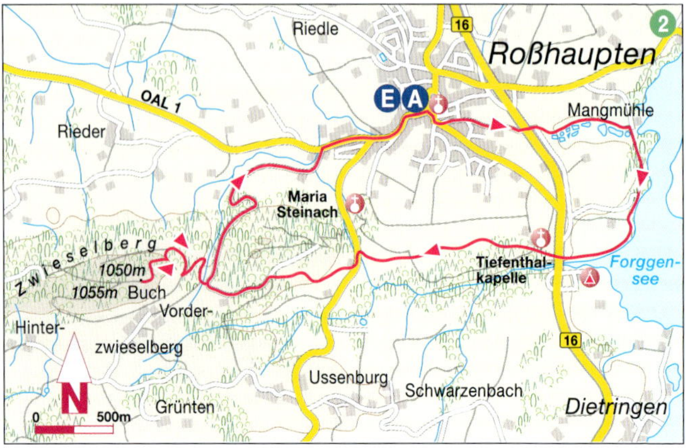

rechts halten (Wegweiser Seeweg), durch den Wald zum Forggensee und am Ufer entlang zur Anlegestelle **Tiefental** (782 m), die von den Forggensee-Ausflugsschiffen angelaufen wird. Wir wechseln auf einen schmalen Pfad, der am Ufer des Forggensees nach Süden läuft, bis wir auf einen breiteren Weg treffen. Auf ihm links zur Wasserwachthütte und an herrlichen Badeplätzen vorbei. Der schmale Weg folgt jetzt einer nach Westen ausbauchenden Bucht und steigt allmählich an. Bald geht es unter der Bundesstraßenbrücke hindurch. Vorbei an der **Tiefentalkapelle** folgen wir geradewegs dem schmalen, ansteigenden Weglein, bis wir auf eine breite Forststraße treffen. Auf ihr wenige Meter nach links und dann rechts in einen ansteigenden Wirtschaftsweg (Wegweiser Alte Reiten, Kobus, Roßhaupten), der uns auf einen aussichtsreichen Wiesenrücken hinaufführt. Auf dem Feldweg wandern wir an der Kapelle auf der »Alten Reiten« vorbei über die Wiesenkuppen zum Bergsattel, der von der Verbindungsstraße Roßhaupten–Ussenburg überquert wird.

Auf der Teerstraße ca. 50 m nach links zu einer Hütte, neben der wir in einen Feldweg einbiegen (Wegweiser Zum Felsenweg). Er führt uns über aussichtsreiche Wiesen bergan. Am Ende der Wiesen geradewegs in den Wald und an einer nahen Weggabelung weiter geradeaus bergauf (Wegweiser Zum Felsenweg). Nach kurzer Strecke stoßen wir auf eine breite Forststraße, der wir nach links (Wegweiser Roßhaupten) folgen. Bald geht sie über Wiesen abwärts in ein bewaldetes Bachtal.

2

Abstecher zum Buch: Wir biegen jedoch links in einen Wanderweg ein (Wegweiser Zum Buch, Zwieselberg) und überqueren den nahen Bach. Über eine Wiese steigen wir in den Wald hinauf und halten uns an einer Weggabelung abermals links. Der schmale Weg windet sich durch den steilen Waldhang zu einem breiten Querweg hinauf. Wir gehen rechts (Wegweiser Buch) und folgen dem Schotterweg, bis wir an seinem Ende auf einen schmalen Wanderweg überwechseln (Wegweiser Zum Buch). Er leitet uns steil zu einem Wirtschaftsweg hinauf. Auf ihm rechts aufwärts (Wegweiser Zum Buch) und vor einem Zaun rechts auf einen schmalen Weg. Er führt am Zaun entlang, bis wir links durch den Zaun zum nahen Kreuz auf dem **Buch** (1050 m) gehen können. Eine Bank lädt zur Rast ein und eine Panoramakarte hilft beim Identifizieren der zahlreichen Alpengipfel, die als schöne Kulisse hinter dem Forggensee aufragen.

Vom Buch steigen wir anschließend auf dem Anstiegsweg wieder zur Wegkreuzung im Bachtal ab. Wir folgen der breiten Forststraße nach links (Wegweiser Roßhaupten). An einer Weggablung geht es auf dem Hauptweg links abwärts (Wegweiser Roßhaupten) und in einem weiten Bogen durch die Wiesen, bis wir bei den ersten Häusern von Roßhaupten die Hauptstraße erreichen. Wir halten uns rechts und folgen der Straße, die uns zur Kirche im Zentrum von **Roßhaupten** (815 m) zurückbringt.

Westlich von Roßhaupten führt die Wanderung am malerischen Forggensee entlang.

3 Von Buching auf den Buchenberg

Am Rande der Ammergauer Alpen: Buching – Kulturenweg – Buchenberg – Rundweg – Buchenberg – Bachweg – Buching

Aus dem Voralpenland rund um den Lech steigen die Ammergauer Alpen mit bewaldeten Bergen an. Die meisten dieser Gipfel sind nur über Forststraßen zu erreichen und der dichte Wald schränkt die Sicht stark ein. Eine Ausnahme bildet der kleine, mit einer Sesselbahn erschlossene Buchenberg, der auch über schmale Wege erreichbar ist und herrliche Ausblicke bietet.

mittel

6 km

2¾ Std.

ja

▶ **Tourencharakter:** Sowohl der beschriebene An- wie auch der Abstiegsweg am Buchenberg sind teils recht steil und steinig und vor allem nach Regenfällen recht rutschig. Diese Wege können aber durch die Auf- bzw. Abfahrt mit der Sesselbahn vermieden werden. Der Rundweg vom Gipfel über die Ebene führt ohne große Höhenunterschiede auf breiten Wirtschaftswegen über aussichtsreiche Bergwiesen.
▶ **Beste Jahreszeit:** Vom Frühjahr bis in den Herbst.
▶ **Ausgangs- und Endpunkt:** Die Talstation der Buchenberg-Sesselbahn in Buching.
▶ **Markierung:** Wegweiser.
▶ **Verkehrsanbindung:** Die Talstation der Buchenberg-Sesselbahn liegt an der B 17 (Romantische Straße) am südlichen Ortsrand von Buching.
In Buching Haltestelle der Buslinie von Füssen nach Steingaden.
▶ **Einkehr:** In der Buchenbergalm auf dem Gipfel des Buchenbergs.
▶ **Unterkunft:** In Buching und den Nachbarorten.
▶ **Tourist-Info:** Verkehrsamt Halblech, Tel. 08368/2 85.

Der Wegverlauf

Von der Talstation der Buchenberg-Sesselbahn in **Buching** (805 m) gehen wir rechts neben der Sesselbahn ein kurzes Stück über die Wiese aufwärts und dann rechts (Wegweiser Buchenbergalm, Kulturenweg) waagrecht zu einem bewaldeten Bachlauf. An ihm entlang aufwärts, bis wir auf einen Feldweg stoßen, der uns rechts (Wegweiser Oberer Kulturenweg, Buchenberg) über die Wiesen bergan führt. Am Waldrand geht unser Weg in einen wurzeligen, teils rutschigen Steig über, der durch den Wald steil zu einer Forststraße ansteigt. Jenseits finden wir die Fortsetzung unseres Weges (Buchenbergalm, Kulturenweg), der sich durch den steilen Waldhang in zahlreichen Kehren nach oben windet. Erst

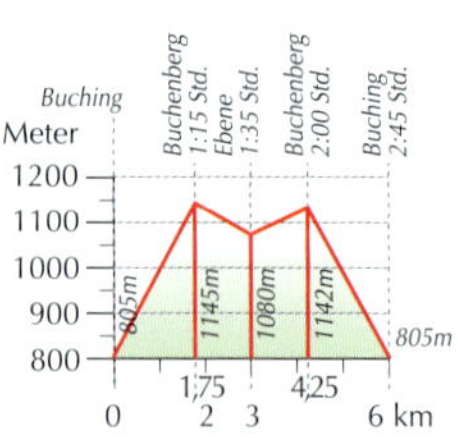

3

knapp unter dem Gipfel des Buchenbergs legt sich das Gelände zurück, und bald ist der Sattel südlich des Buchenbergs erreicht. Von hier sind es nach links nur noch wenige Schritte zum aussichtsreichen Gipfel des **Buchenbergs** (1142 m), auf dem die Buchenbergalm zur Einkehr lockt. Vor einer Rast wollen wir jedoch noch den **Rundweg** über die Wiesen der so genannten »Ebene« begehen. Dazu folgen wir vom Sattel aus der Sandstraße, die jenseits kurz bergab führt (Wegweiser Ebene, Buching Straße). Eine erste, rechts abzweigende Forststraße bleibt unbeachtet und kurz darauf biegen wir rechts (Wegweiser Buchenberg-Rundweg) in eine zweite, die sanft auf eine bewaldete Kuppe ansteigt. Am Ende des Forstweges folgen wir einer Wegspur, die uns zu einer nahen Bergwiese leitet. Der Weg wird wieder breiter und leitet uns bergab zu einer Kreuzung auf herrlichen Almwiesen, der so genannten **»Ebene«**, von der wir den Blick zu Hochplatte, Geiselstein und den anderen Felsbergen im

Vom Buchenberg geht der Blick zu den Felsbergen rund um die Hochplatte.

3

Herzen der Ammergauer Alpen genießen. Wir halten uns links (Wegweiser Rundweg) und wandern geradeaus, bis wir nach einem Gatter auf die geteerte Zufahrtsstraße zum Buchenberg stoßen. Auf ihr nach links (Wegweiser Buchenbergalm, Rundweg). Nach wenigen Metern endet der Teerbelag und auf der breiten Schotterstraße steigen wir wieder zum Gipfel des **Buchenbergs** (1142 m) hinauf.

Neben der Bergstation der Sesselbahn beginnt unser Abstiegsweg (Wegweiser Bachweg nach Buching). Er führt uns anfangs entlang einer Wiese steil abwärts und leitet dann ein kurzes Stück auf einem Bergrücken entlang. Nach einem Hüttchen geht es steil und rutschig zum Bach hinab, der überschritten wird. Der Weg schlängelt sich nun immer rechts des Baches durch das steile Tal abwärts. Im oberen Abschnitt ist der Steig teils recht steil und steinig. Je weiter wir absteigen, desto besser wird der Weg und bald wechseln wir auf die linke Seite des Baches. Hier treffen wir auf einen groben Schotterweg, der uns rechts zu den obersten Häusern von **Buching** hinabbringt. Wir wechseln geradewegs auf eine Teerstraße und biegen in die dritte Straße, die links abgeht. Jetzt permanent in gleich bleibender Richtung, teils von der Beschilderung zur Talstation geleitet, flach oder leicht fallend bis zum Ortsrand. Wir gehen geradeaus auf die Wiese und dann rechts abwärts zur Talstation der **Buchenberg-Bahn** (805 m).

Am Fuß des Buchenbergs leuchten die blauen Wasserflächen von Bannwald- und Forggensee.

Rund um den Vorderscheinberg

4

Panoramarunde über der Kenzenhütte: Kenzenhütte – Bäckenalmsattel – Scheinbergjoch – Lösertaljoch – Kenzenhütte

Im Osten ragen über der im Herzen der Ammergauer Alpen gelegenen Kenzenhütte die Steilabbrüche des Vorderscheinbergs auf. Ein weitgehend leicht zu begehender Weg führt uns über mehrere Pässe und durch eine riesige Karstsenke rund um diesen Berg und eröffnet uns herrliche Blicke auf die wilden Felsgipfel in der Nachbarschaft.

▶ **Tourencharakter:** Eine herrliche Rundwanderung auf guten Steigen, die nur in den Hängen über dem Bäckenalmsattel und über dem »Kessel« etwas Trittsicherheit verlangt. Hier ist auch mit Kindern, die für diese Tour etwas Bergerfahrung mitbringen sollten, Vorsicht geboten. Ausgesprochen eindrucksvoll sind die gewaltige Karstsenke des »Kessels« und der traumhafte Ausblick vom Scheinbergjoch zu den nahen Hochgipfeln rund um die Hochplatte.
▶ **Beste Jahreszeit:** Juni bis Oktober.
▶ **Ausgangs- und Endpunkt:** Halblech bzw. die Kenzenhütte (1294 m) am Nordfuß der Hochplatte. Ab Parkplatz Kenzenhütte am südlichen Ortsrand von Halblech (an der B 17 ausgeschildert) fahren Kleinbusse zur 12 km entfernten Kenzenhütte. Abfahrt während der Woche ab 8 Uhr, am Wochenende ab 7 Uhr stündlich bis 11 Uhr, bei Bedarf auch öfter; letzte Rückfahrt um 17.30 Uhr.
▶ **Markierung:** Wegweiser und Farbmarkierungen.
▶ **Verkehrsanbindung:** Halblech liegt nordöstlich von Füssen an der B 17 (Romantische Straße). Busverbindung Richtung Füssen und Steingaden.
▶ **Einkehr:** In der Kenzenhütte.
▶ **Unterkunft:** In Halblech und den Nachbarorten; Kenzenhütte, Tel. 08368/3 90.
▶ **Tourist-Info:** Verkehrsamt Halblech, Tel. 08368/2 85; Busverbindung Kenzenhütte, Busunternehmen Schwarz, Tel. 08368/550 oder 285.

mittel

5 km

2¾ Std.

ja

Der Wegverlauf

Am Buswendeplatz vor der **Kenzenhütte** (1294 m) zweigt von der Schotterstraße links ein schmaler Steig ab (Wegweiser Linderhof, E4), der uns bequem ansteigend durch die Wälder am Fuß des Vorderscheinbergs nach Norden führt. Bald geht der Blick zurück zu den Steilwänden des Geiselsteins, die in der Morgensonne aufleuchten.

Der schöne Steig bringt uns zu aufgelassenen Alpweiden am Fuße der steil abfallenden Kesselwand, über die er uns in Serpentinen ohne große Mühen in den **Bäckenalmsattel** (1536 m) hinaufleitet. Rechts zieht ein steiler, felsdurchsetzter Grashang zum Kessel hinauf, den es nun zu überwinden gilt. Kurz vor dem

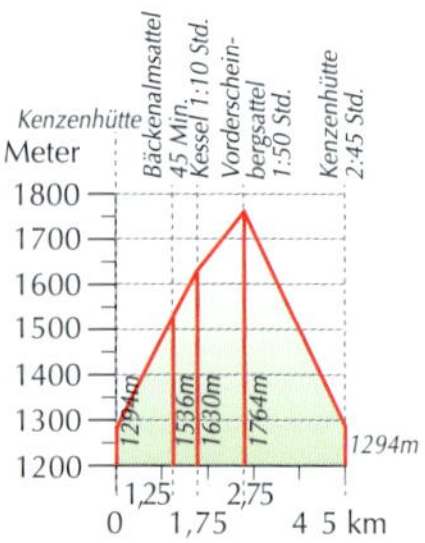

höchsten Punkt des Passes wechseln wir auf einen schmalen Steig (Wegweiser Hochplatte), der kurz nach links ausholt und dann durch den steilen Hang weit nach rechts zu einem kleinen Wald quert. Kurz vor einer Schuttrinne wird im Wald der steilste Hangabschnitt überwunden und wir können dann durch Wiesen im Zickzack ohne Probleme zu der obersten Felsstufe aufsteigen.

Der Weg wendet sich nach links und bringt uns auf einen Wiesenrücken. Vor uns liegt nun der »**Kessel**«, eine gewaltige Karstschüssel, die von Vorderscheinberg und Hasentalkopf überragt wird. Im steilen Gegenhang können wir schon deutlich den weiteren Anstiegsweg ausmachen.

Der Weg führt uns vom Wiesenrücken rechts abwärts an den Rand des Kessels und dann links durch lichten Wald an den Fuß des Hasentalkopfes. Anfangs durch Latschen und dann durch Wiesenhänge und über breite, gut gestufte Felsbänder steigt der Weg jetzt durch den Hang nach rechts zu einer Felsrinne an, durch die der **Vorderscheinbergsattel** (1764 m) schnell erreicht ist. Vom Sattel aus kann man über den Felskamm nach links zum kreuzgeschmückten Hasentalkopf oder nach rechts über den Grat zum Vorderscheinberg gelangen. Da aber beide Abstecher recht schwierig sind, begnügen wir uns damit, den ersten, pro-

Vom Vorderscheinbergsattel zieht ein schmaler, felsiger Bergkamm zum Hasentalkopf.

4

blemlos zu erreichenden Felskopf zur Rechten zu ersteigen, von dem wir einen herrlichen Blick zu den Hochgipfeln rund um die Hochplatte haben. Vom Vorderscheinbergsattel steigen wir anschließend jenseits auf dem schmalen Weglein über Schutt und Fels zum nahen **Lösertaljoch** (1682 m) hinab. Wir gehen rechts über den Sattel und folgen dem breiten Weg abwärts, der sich an einer Felswand teilt. Auf einem der beiden Wegäste abwärts zur Schuttreiße, die zu weiten Almböden hinabzieht. Hier treffen wir auf den Anstiegsweg zur Hochplatte, dem wir über die Alpwiesen abwärts zur Hirtenhütte folgen. Nun im Wald auf dem breiten Weg um die westlichen Felsabbrüche des Vorderscheinbergs und dann abwärts zu einer Weggabelung. Wir steigen wenige Meter zur breiten Forststraße hinab und folgen ihr abwärts zur nahen **Kenzenhütte** (1294 m).

Mit steilen Hängen fällt der Vorderscheinberg zur weiten Mulde des »Kessel« ab.

5 Über die Hochplatte

Hoch über dem Gumpenkar: Kenzenhütte – Hochplatte – Fensterl – Gumpenkar – Kenzensattel – Kenzenhütte

Über dem malerischen Gumpenkar erhebt sich der lang gezogene, schmale Felskamm der Hochplatte, von dem nach Norden und Süden beeindruckend steile Felsflanken abbrechen. Wer den Schwierigkeiten gewachsen ist, wird an diesem herrlichen Aussichtsberg, der alle Nachbargipfel überragt, einen unvergesslichen Tourentag erleben.

anspr.

9 km

4¾ Std.

▶ **Tourencharakter:** Lange Hochgebirgstour auf schmalen Steigen und in weglosem Gelände, die nur bei stabilem Wetter unternommen werden sollte. Der beschriebene Anstieg zum kreuzgeschmückten Ostgipfel führt im oberen Abschnitt durch unübersichtliches Karstgelände und über einen schmalen, aber gut gesicherten Felsgrat und kann von geübten Bergsteigern bei guter Sicht problemlos begangen werden. Die Überschreitung vom Ostgipfel zum »Fensterl« und der Abstieg in das Gumpenkar ist die anspruchsvollste Tour in diesem Band und bleibt dem absolut trittsicheren und schwindelfreien Bergsteiger vorbehalten. Am schmalen Gipfelgrat mit dem klettersteigartig ausgebauten Abschnitt besteht jederzeit Absturzgefahr und man ist einem Unwetter schutzlos ausgesetzt. Der Abstieg vom Fensterl kann im Frühsommer von Schneeresten beeinflusst werden und einen Umweg über die Krähe erforderlich machen.

▶ **Beste Jahreszeit:** Juni bis Oktober.

▶ **Ausgangs- und Endpunkt:** Halblech bzw. die Kenzenhütte (1294 m) am Nordfuß der Hochplatte. Ab Parkplatz Kenzenhütte am südlichen Ortsrand von Halblech (an der B 17 ausgeschildert) fahren Kleinbusse zur 11 km entfernten Kenzenhütte. Abfahrt während der Woche ab 8 Uhr, am Wochenende ab 7 Uhr stündlich bis 11 Uhr, bei Bedarf auch öfter; letzte Rückfahrt um 17.30 Uhr.

▶ **Markierung:** Wegweiser und Farbmarkierungen.

▶ **Verkehrsanbindung:** Halblech liegt nordöstlich von Füssen an der B 17 (Romantische Straße). Busverbindung Richtung Füssen und Steingaden.

▶ **Einkehr:** In der Kenzenhütte.

▶ **Unterkunft:** In Halblech und den Nachbarorten; Kenzenhütte, Tel. 08368/3 90.

▶ **Tourist-Info:** Verkehrsamt Halblech, Tel. 08368/2 85; Busverbindung Kenzenhütte, Busunternehmen Schwarz, Tel. 08368/5 50.

Der Wegverlauf

Von der **Kenzenhütte** (1294 m) folgen wir der Forststraße aufwärts und biegen kurz nach einer Linkskurve rechts auf einen Bergsteig (Wegweiser Hochplatte), der sich nach wenigen Metern gabelt. Von rechts wird uns der Rückweg zur Kenzenhütte zurückbringen. Wir folgen jetzt aber dem wurzeligen Weg, der links durch den Wald ansteigt (Wegweiser Kessel, Hochplatte).

5

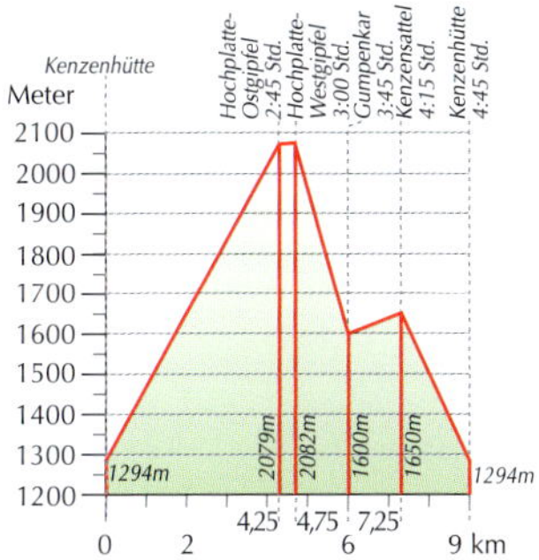

Der Steig wendet sich bald nach rechts und führt uns durch den Wald um die westlichen Ausläufer des Vorderscheinbergs herum zur Hirtenhütte. Über sanfte Almböden geht es anschließend aufwärts zur Schuttreiße, die von den Wänden des Lösertalkopfs herabzieht. Wir orientieren uns am rechten Rand des Schuttstroms und erreichen eine Wegkreuzung, an der wir uns rechts halten (Wegweiser Hochplatte). Der Weg zieht jetzt am linken Rand eines Tales bergan zu einem Sattel. Rechts liegt der »**Schlössl**« genannte Felskopf, durch dessen Südhang wir zu einem feuchten, schuttgefüllten Graben queren. In ihm kurz aufwärts und dann rechts haltend zu einer Weggabelung. Wir biegen auf den rechten Weg ein (Wegweiser Hochplatte) und wandern auf deutlichem Steig rechts am Schlössl vorbei durch verkarstetes Gelände aufwärts zu einer Wegkreuzung auf einem Wiesensattel.

Der nun weglose, aber gut markierte Anstieg führt uns rechts (Wegweiser Hochplatte) über latschenbewachsene Karstfelsen zunehmend steiler bergan. Wir erreichen einen flachen Kamm, dem wir kurz nach links folgen. Jetzt links des Kammes aufwärts

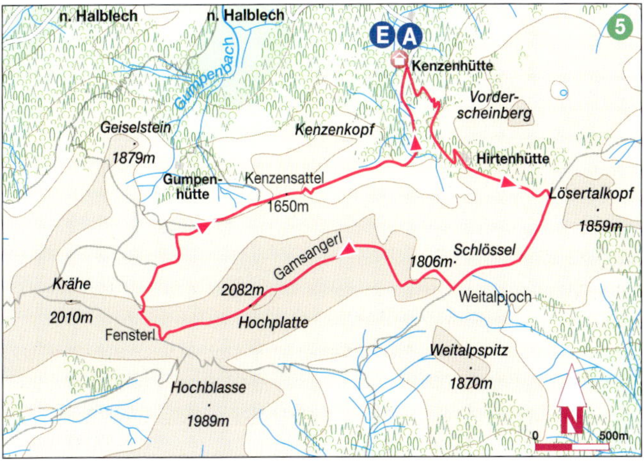

5

Der Abstieg von der Hochplatte führt durch das markante, Fensterl genannte Felsentor.

und bald über einen schmalen, mit gutem Seilgeländer gesicherten Felsgrat. Anschließend folgen wir dem deutlichen Weg über den nun harmlosen Ostrücken bis zum Kreuz auf dem **Ostgipfel der Hochplatte** (2079 m), von dem sich eine umfassende Rundumsicht bietet. Vor uns liegt der schmale Gipfelgrat der Hochplatte. Bei einem Schlechtwettereinbruch oder bei leisestem Zweifel am eigenen bergsteigerischen Können sollte man von hier über den Anstiegsweg zur Kenzenhütte zurückkehren.

Mit der nötigen Erfahrung folgt man dem schmal geschnittenen Grat nach Westen. Teils direkt auf der ausgesetzten Felsschneide, teils rechts unterhalb turnen wir zum höchsten Punkt der **Hochplatte** (2082 m) hinüber. Anschließend steigen wir am Kamm kurz abwärts, ehe uns ein schwieriger Gratabschnitt zum Ausweichen nach links zwingt. An Stahlseilen gehen wir über schmale Felsbänder, bis wir wieder zum Grat hinaufklettern können. Noch einmal geht es nun am ausgesetzten Felskamm hinüber zum **Westgipfel der Hochplatte**, an dem die Schwierigkeiten enden. Ohne Probleme folgen wir den Steigspuren, die uns am Südwestrücken entlang zur tief eingeschnittenen Scharte am **»Fensterl«** (1916 m) hinabführen. Sollte im Frühsommer der Abstieg durchs Fensterl noch schneebedeckt sein, folgt man von hier besser dem Kamm zur Krähe (2010 m) hinauf. Von dort kann man zum nahen Gabelschrofensattel und weiter in das Gumpenkar absteigen.

5

Wir halten uns jedoch am Fensterl rechts (Wegweiser Maximiliansweg, E4) und steigen durch das obere der beiden Felstore. Über glatte, teils unangenehm feuchte Felsplatten queren wir entlang hilfreicher Stahlseile ein Stück nach rechts, bis wir geradeaus ein Stück absteigen können. Ein schmaler, besserer Steig bringt uns anschließend links zur Schuttreiße, die wir in Falllinie des Fensterls erreichen. Nun über den Schutt abwärts zu einer Weggabelung und rechts (Wegweiser Kenzenhütte) hinab zum Weg, der durch das Gumpenkar führt.

Wir folgen ihm rechts in leichtem Auf und Ab durch das mit Latschen bewachsene Blockgewirr, ignorieren bald einen links zum Geiselstein abzweigenden Weg und steigen endlich zum **Kenzensattel** (1650 m) hinauf. Jenseits auf einem steinigen Weg in eine Mulde hinab und weiter abwärts zu einem Bach, der auf einem Holzbrückchen überquert wird. Wir folgen dem Bach an seiner rechten Seite bis kurz vor einen Wasserfall. Der Steig wendet sich nach rechts und leitet durch den Steilabbruch und durch Wald zu unserem morgendlichen Aufstiegsweg. Hier links zur nahen Forststraße, auf der wir nach kurzem Abstieg die **Kenzenhütte** (1294 m) erreichen.

Vorbei an den Kletterwänden des Geiselsteins schweift der Blick hinaus ins Alpenvorland.

6 Im Herzen der Ammergauer Alpen

Zwischen Hochplatte und Geiselstein: Kenzenhütte – Kenzensattel – Gumpenkar – (Krähe) – Geiselsteinsattel – Wankerfleck

Die Kenzenhütte liegt im Herzen des größten Naturschutzgebietes in Deutschland, das 27000 Hektar der Ammergauer Alpen umfasst. Unser Weg führt uns an den höchsten und eindrucksvollsten Gipfel dieses stillen Gebirges vorbei.

mittel

9 km

4½ Std.

▶ **Tourencharakter:** Aussichtsreiche Hochgebirgswanderung auf steinigen Pfaden für trittsichere Wanderer. Ohne die Besteigung der Krähe ist die Tour einfacher und verlangt weniger Kondition.
▶ **Beste Jahreszeit:** Juni bis Oktober.
▶ **Ausgangs- und Endpunkt:** Halblech bzw. die Kenzenhütte (1294 m) am Nordfuß der Hochplatte. Ab Parkplatz Kenzenhütte am südlichen Ortsrand von Halblech (an der B 17 ausgeschildert) fahren Kleinbusse zur 11 km entfernten Kenzenhütte. Abfahrt während der Woche ab 8 Uhr, am Wochenende ab 7 Uhr stündlich bis 11 Uhr, bei Bedarf auch öfter; letzte Rückfahrt um 17.30 Uhr.
▶ **Markierung:** Wegweiser und Farbmarkierungen.
▶ **Verkehrsanbindung:** Halblech liegt nordöstlich von Füssen an der B 17 (Romantische Straße). Busverbindung Richtung Füssen und Steingaden.
▶ **Einkehr:** In der Kenzenhütte.
▶ **Unterkunft:** In Halblech und den Nachbarorten; Kenzenhütte, Tel. 08368/390.
▶ **Tourist-Info:** Verkehrsamt Halblech, Tel. 08368/285; Busverbindung Kenzenhütte, Busunternehmen Schwarz, Tel. 08368/550 oder 285.

Der Wegverlauf

Unser Aufstiegsweg führt von der **Kenzenhütte** (1294 m) auf einem breiten Forstweg geradewegs aufwärts (Wegweiser Hochplatte). Wir folgen ihm nur kurz und biegen wenige Meter nach einem Linksknick rechter Hand in einen schmalen Steig (Wegweiser Hochplatte, Krähe, Geiselstein).

Nach wenigen Schritten halten wir uns an der Weggabelung wieder rechts (Wegweiser Kenzenkopf, Geiselstein) und queren oberhalb des Wasserfalls in einen kleinen Talboden am Fuße der Hochplatte.

Das steinige Weglein führt uns über zwei schmale Bäche (Wegweiser Geiselstein) und schlängelt sich dann durch ein breites Wiesental, die so genannte Gasse, aufwärts. Zwischen den Wänden der Hochplatte und jenen des Kenzenkopfes, durch die extreme Kletterrouten führen, steigen wir zum **Kenzensattel** (1650 m) hinauf, der von markanten Felsnadeln überragt wird.

6

Hier öffnet sich der Blick zum Geiselstein, dessen helle Kalkwände das Licht der Morgensonne einfangen. Der Weg leitet uns vom Sattel kurz abwärts und quert dann in fast gleich bleibender Höhe zum **Gumpenkar** (1600 m) hinüber.

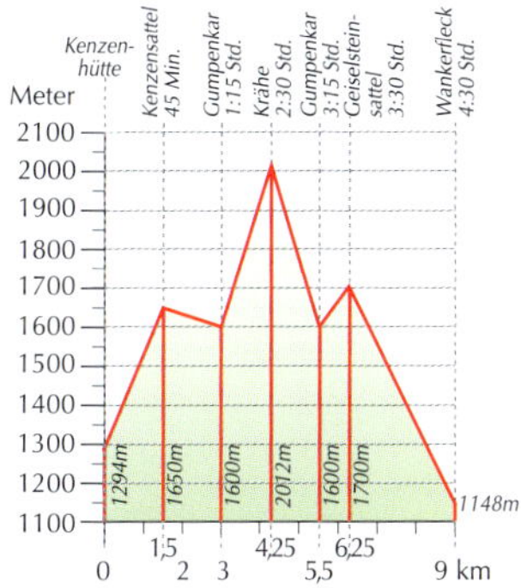

Die Kurzvariante: Am Rand des Kars erreichen wir eine Weggabelung. Wer nicht zur Krähe will, kann rechts direkt zum Geiselsteinsattel wandern und verringert die Gehzeit so um 2 Std. (Wegweiser Geiselstein).

Vom Gumpenkar zur Krähe: Wir gehen jedoch geradeaus (Wegweiser Fensterl–Hochplatte, Blöckenau) und folgen dem schmalen Steig, der sich zwischen latschenbewachsenen Felsblöcken durch den Karboden schwindelt. Nach einem kurzen Anstieg erreichen wir eine weitere Wegkreuzung. Wir wenden uns hier nach rechts (Wegweiser Gumpenkar, Geiselstein, Gabelschrofen) und wandern zwischen blauem Eisenhut und Alpenrosen im Bogen durch das Kar. Über uns leuchtet auf der Krähe das Gipfelkreuz, von dem die düstere, senkrechte Nordwand in das Kar abbricht. Bald erreichen wir eine Wegkreuzung, von der wir nach links hinaufsteigen (Wegweiser Gabelschrofensattel, Blöckenau). Der Weg quert durch Wiesenhänge aufwärts und bringt uns zur Schutthalde am Fuß von Gabelschrofen und Krähe. Über sie steigen wir teils mühsam in den **Gabelschrofensattel** hinauf, in dem sich der Blick nach Osten zum Säuling und zu den Tannheimer

Über dem Gumpenkar ragt der eindrucksvolle Geiselstein auf.

6

Felsbergen öffnet. Wenige Meter vor dem Sattel biegt links der rot-weiß-rot markierte Steig ab (Wegweiser Krähe, Hochplatte), der uns den Anstieg zum Gipfel der Krähe vermittelt. Er quert zu einer Felsrinne, in der wir einen eingeklemmten Felsblock überklettern müssen.

Nach dieser kurzen, ungefährlichen Kraxelei im nicht allzu steilen Gelände erreichen wir den Gipfelkamm. Links leitet uns der Steig durch harmlose Grashänge zum nahen Kreuz auf dem Gipfel der **Krähe** (2010 m), die uns mit phantastischen Nah- und Fernblicken belohnt.

Für den Abstieg wählen wir den schon bekannten Weg hinab in das Gumpenkar. Dort halten wir uns an der ersten Wegkreuzung links (Wegweiser Geiselstein) und steigen am Rand des Kars leicht aufwärts. Bald ragt nahe vor uns das herrliche Felshorn des

Der Geiselstein

Obwohl der Geiselstein (1879 m) niedriger ist als seine Nachbargipfel, wird dieser markant geformte Berg oft als »Matterhorn der Ammergauer Alpen« bezeichnet. Auf dieses allseits steil abfallende Felshorn führt kein Weg, der dem Normalbergsteiger einen Aufstieg gestatten würde. Umso wohler fühlen sich die Kletterer in den zahlreichen Routen, die die aus festem Wettersteinkalk aufgebauten Wände des Geiselsteins durchziehen.

6

Geiselsteins auf. Ein kurzer Abstieg bringt uns zu einer Wegkreuzung. Von rechts kommt der Steig, der als Kurzvariante von der Kenzenhütte zum Geiselstein führt. Ein letzter kurzer Anstieg bringt uns vom Fuß der sonnenüberfluteten Südwand des Geiselsteins, in der die Kletterer turnen, in den **Geiselsteinsattel** (1700 m). Ein letztes Mal geht der Blick zurück zur wuchtigen Hochplatte, ehe wir jenseits durch den Bergwald absteigen (Wegweiser Wankerfleck). Der Weg pendelt in unzähligen Kehren abwärts zu einer Wegkreuzung. Wir folgen dem besseren Weg nach rechts und queren zur Nordseite des Geiselsteins. Ein steiler Wiesenhang verlangt vor allem mit Kindern etwas Vorsicht. Bald türmt sich über uns die steile Nordwand des Geiselsteins. Wir steigen in Serpentinen durch einen breiten Hang ab. Weiter unten leitet uns der teils feuchte Steig durch den Bergwald abwärts.

Am Rand des Wankerflecks treffen wir auf einen breiten Wirtschaftsweg, dem wir nach links folgen. Wir wandern am Gumpenbach entlang und biegen in die zweite Sandstraße, die rechts abgeht (Wegweiser Wankfleck-Kapelle, Kenzenhütte). Eine Brücke hilft über den Bach und in wenigen Minuten wandern wir dann über die Alpwiesen zur Kapelle auf dem **Wankerfleck** (1148 m). Von hier bringt uns der Bus zurück nach Halblech.

Vorbei an bizarren Felstürmen führt der Weg über den Kenzensattel.

7 Zum Schönleitenschrofen

Stiller Nachbar des Tegelbergs: Tegelbergbahn-Bergstation – Schönleitenschrofen – Drehhütte – Rohrkopfhütte – Tegelbergbahn-Talstation

Der durch eine Seilbahn erschlossene Tegelberg über Schwangau zählt zu den beliebtesten Ausflugszielen im Ostallgäu, und so werden die meisten Wege an diesem Gipfel häufig begangen. Eine Ausnahme bildet der schmale, stille Steig zum nordöstlich gelegenen Schönleitenschrofen, auf dessen Gipfel man den beeindruckend steilen Felsbergen im Herzen der Ammergauer Alpen ganz nahe ist.

mittel

9 km

3 3/4 Std.

▶ **Tourencharakter:** Teils auf breiten Wanderwegen, teils auf schmalen und steinigen Bergpfaden durch die einsame Berglandschaft nordöstlich des Tegelbergs. Der Gipfelanstieg zum Schönleitenschrofen, von dem aus man herrliche Nah- und Fernblicke genießt, verlangt etwas Trittsicherheit.
▶ **Beste Jahreszeit:** Von Juni bis Oktober.
▶ **Ausgangs- und Endpunkt:** Die Berg- bzw. Talstation der Tegelbergbahn.
▶ **Markierung:** Wegweiser und Farbmarkierungen.
▶ **Verkehrsanbindung:** Ausgeschilderte Zufahrt von der B 17 nahe Schwangau zur Talstation der Tegelbergbahn. Bushaltestelle an der Talstation der Tegelbergbahn an der Linie Füssen–Steingaden.
▶ **Einkehr:** Im Tegelberghaus, in der Drehhütte und der Rohrkopfhütte.
▶ **Unterkunft:** In Schwangau, Hohenschwangau und Füssen; im Tegelberghaus (1707 m) an der Seilbahn-Bergstation, Tel. 08362/8980.
▶ **Tourist-Info:** Tourist-Information Schwangau, Tel. 08362/8198-0; Tegelbergbahn, Tel. 08362/98360.

Der Wegverlauf

Vor der **Bergstation der Tegelbergbahn** (1720 m) gehen wir wenige Schritte abwärts zum breiten Wanderweg und auf ihm rechts abwärts (Wegweiser Schwangau, Talstation, Drehhütte). Unterhalb des Tegelberghauses knickt der Weg um den Bergkamm und führt uns unter der Seilbahn hindurch und über einen steilen Treppenweg hinab zu einer Wegkreuzung. Wir halten uns rechts (Wegweiser Schwangau, Rohrkopfhütte, Talstation) und steigen am Rand der Grüble genannten Karmulde steil abwärts. Am tiefsten Punkt des Grübles, der **Grüblescharte**, überqueren wir die Skipiste und verlassen nach wenigen Metern Aufstieg den breiten Weg. Wir steigen kurz zum rechten Rand einer niedrigen Felswand an, die hinter einer Lifthütte aufragt. Hier finden wir

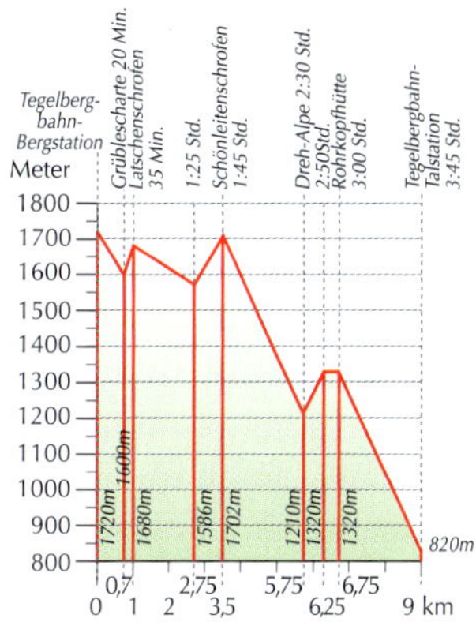

den Beginn des schmalen, rot markierten Steiges (Wegweiser Schönleitenschrofen mit Pfeil an der Felswand), der uns durch Wald und Latschen zu einer Wegkreuzung auf einem Sattel hinaufführt. Geradeaus erreichen wir nach kurzer Strecke den kreuzgeschmückten Gipfel des **Latschenschrofens** (1680 m), der zu einer ersten aussichtsreichen Rast einlädt. Unser Weiterweg führt von der Scharte rechts bergab in eine weite Karmulde unter den steilen Nordabstürzen des Branderschrofens. Wir wandern in gleich bleibender Höhe durch die blumenreiche Mulde und steigen dann an der Südseite der markanten Felsnadel des Spitzigschrofens durch den Wald aufwärts zu einer Bergwiese, die geradeaus überquert wird (Wegweiser Schönleitenschrofen). Der Steig folgt nun immer dem lang gestreckten Kamm, der den Branderschrofen mit dem Schönleitenschrofen verbindet. Ein felsiger Grataufschwung wird in der bewaldeten Südflanke umgangen und ein kurzer Abstieg bringt uns in eine Scharte. Anschließend wird nochmals die Südflanke einer felsigen Kammerhebung gequert, ehe wir den **tiefsten Punkt** (1586 m) vor dem Schönleitenschrofen erreichen. Hier biegt links ein Weg zum Mühlberger Älple ab. Wir folgen jedoch weiter dem Kammverlauf und erreichen nach kurzer Strecke einen weiteren Abzweig nach links, den wir dann auf dem Rück-

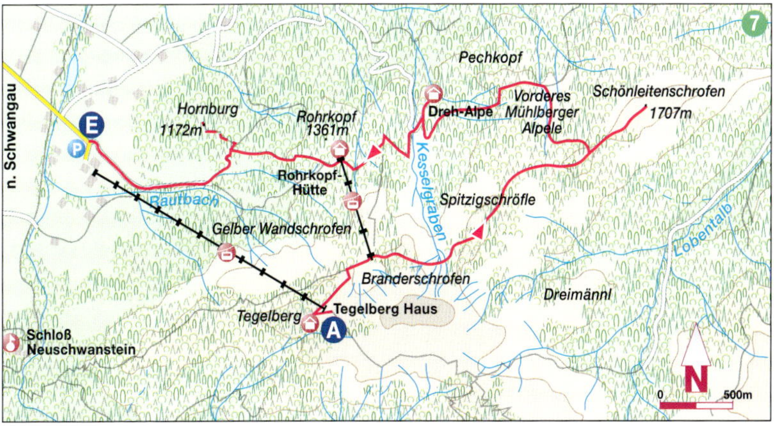

weg für den Abstieg benutzen werden. Wir folgen hier jedoch weiter geradeaus dem Weg am Bergkamm, der nach einem kurzen Flachstück zunehmend steiler zu unserem Ziel ansteigt. Meist rechts des felsdurchsetzten Grates führt er uns aufwärts, bis wir an einem Felsabbruch rechts in die steile Gipfelflanke ausweichen.

Hier erwartet uns die Schlüsselstelle des Anstieges. Über eine steile, aber gut gestufte Felsplatte geht es ein kurzes Stück aufwärts zum Gipfelkamm. Rechts wandern wir über harmloses Gelände zum nahen Gipfelkreuz des **Schönleitenschrofens** (1702 m), auf dem wir ganz alleine die herrliche Aussicht genießen.

Vom Schönleitenschrofen geht der Blick zu den Felsbergen rund um die Hochplatte.

Vom Gipfel steigen wir auf dem Aufstiegsweg wieder zum **Punkt 1586 m** ab und biegen dort rechts ab (Wegweiser Vorderes Mühlberger Älple, Drehhütte). Der Weg vereinigt sich schnell mit dem zweiten, vom Grat herabkommenden Steig, und gemeinsam geht es im Zick-zack abwärts bis kurz vor das herrlich gelegene Vordere **Mühlberger Älple** (1410 m). Dort stoßen wir auf einen Fahrweg, dem wir nach links in den Wald folgen. Nach einem kurzen Anstieg können wir rechts auf den alten Wanderweg wechseln, der bald wieder auf den breiten Fahrweg trifft. Auf ihm rechts abwärts zu einer Wegkreuzung auf einen bewaldeten Bergrücken. Wir halten uns links (Wegweiser Drehhütte) und steigen auf einem schmalen Weg in Kehren durch einen steilen Hang abwärts. Im Tal wechseln wir geradewegs auf eine Forststraße, der wir zur **Drehhütte** (1210 m) folgen.

Kurz vor der Hütte biegen wir links auf die geteerte Zufahrtsstraße ein. Nach einem nahen Bach links auf einer steil ansteigenden Kiesstraße (Wegweiser Rohrkopfhütte) zu einer Weggabelung auf den Alpwiesen. Wir folgen dem nach rechts knickenden breiten Weg (Wegweiser Tegelberg, Rohrkopfhütte) nochmals steil aufwärts auf einen Waldkamm. Hier geradeaus (Wegweiser Rohrkopfhütte) auf dem Wirtschaftsweg in gleich bleibender Höhe zum Schutzengelweg, dem Normalanstieg auf

7

den Tegelberg. Auf diesem nach rechts (Wegweiser Talstation), dann links an der nahen **Rohrkopfhütte** vorbei und in zahlreichen Serpentinen durch den steilen Waldhang abwärts in einen Sattel. Wir treffen auf einen breiten Weg, dem wir links hinab folgen (Wegweiser Parkplatz Tegelbergbahn, Hornburg).

Abstecher zur Hornburg: Erfahrene Bergsteiger können ca. 100 m unterhalb des Sattels rechts auf ein schmales Weglein abbiegen, das aufwärts auf einen bewaldeten Bergkamm führt. Auf ihm kurz links abwärts und dann auf zunehmend steilerem, wurzeligen Steig aufwärts. Ein Felsaufschwung wird mit Hilfe von Drahtseilen in einer steilen Grasflanke links umgangen. Wir erreichen das harmlose Gipfelplateau der **Hornburg** (1164 m), über das ein Weglein nach links läuft. Nach einem kurzen Abstieg hat man einen herrlichen Blick zum nahen Schloss Neuschwanstein. Auf dem Anstiegsweg steigen wir anschließend wieder zum Normalweg (Schutzengelweg) ab.

Bald leitet der breite Weg in zahlreichen Serpentinen abwärts ins Tal des Rautbaches, vor dem wir rechts in eine breite Schotterpiste einschwenken. Sie führt rechts am Bach entlang talwärts und geht bald in ein geteertes Sträßlein über. Auf ihm wandern wir zum Schluss rechts der Sommerrodelbahn zu den Parkplätzen an der Talstation der **Tegelbergbahn** (820 m) hinab.

Steil ragt die felsige Nordflanke des Branderschrofen in den Himmel.

8 Vom Tegelberg in die Bleckenau

Im königlichen Jagdrevier: Tegelbergbahn-Bergstation – Branderfleck – Ahornspitze – Ahornhütte – Bleckenau – Pöllatschlucht – Tegelbergbahn-Talstation

1832 ließ Kronprinz Maximilian, der spätere Bayernkönig Max II., auf den Ruinen einer mittelalterlichen Burg Schloss Hohenschwangau erbauen. Auf Anweisung des passionierten Jägers wurden die nahen Ammergauer Alpen als königliches Jagdrevier mit breiten Reitwegen und Unterkunftshäusern erschlossen. Vom 1852 erbauten königlichen Jagdhaus auf dem Tegelberg wandern wir durch das Kerngebiet des Reviers über das Jagdhaus in der Bleckenau hinab nach Hohenschwangau.

mittel

11 km

4 1/4 Std.

ja

▶ **Tourencharakter:** Die einfache Kurzvariante vom Branderfleck direkt hinab in die Bleckenau verläuft auf breiten, gut ausgebauten Wanderwegen und weist kaum Anstiege auf. Sie ist auch mit Kindern problemlos zu begehen. Der beschriebene Abstecher zur aussichtsreichen Ahornspitze führt über schmale, teils steinige Bergsteige und erfordert etwas mehr Kondition und Trittsicherheit. Zwischen der Bleckenau und Hohenschwangau verkehren Kleinbusse, mit deren Hilfe man die Tour verkürzen kann.
▶ **Beste Jahreszeit:** Vom Frühsommer bis in den Spätherbst.
▶ **Ausgangs- und Endpunkt:** Die Berg- bzw. Talstation der Tegelbergbahn.
▶ **Markierung:** Wegweiser und Farbmarkierungen.
▶ **Verkehrsanbindung:** Ausgeschilderte Zufahrt von der B 17 nahe Schwangau zur Talstation der Tegelbergbahn. Bushaltestelle an der Talstation der Tegelbergbahn an der Linie Füssen–Steingaden.
▶ **Einkehr:** Im Tegelberghaus und in der Wirtschaft in der Bleckenau.
▶ **Unterkunft:** In Schwangau, Hohenschwangau und Füssen; im Tegelberghaus (1707 m) an der Seilbahn-Bergstation, Tel. 08362/89 80.
▶ **Tourist-Info:** Tourist-Information Schwangau, Tel. 08362/81 98-0; Tegelbergbahn, Tel. 08362/9 83 60.

Der Wegverlauf

Vor der **Bergstation der Tegelbergbahn** (1720 m) gehen wir einige Meter abwärts zum breiten Weg, der rechts zum nahen Tegelberghaus führt. Wir halten uns jedoch links (Wegweiser Bleckenau, Ahornsattel) und betreten nach wenigen Metern das Naturschutzgebiet Ammergauer Alpen, das zu den ausgedehntesten in Deutschland zählt. Über Bergwiesen, die im Frühsommer von den gelben Blüten der Trollblumen gesprenkelt sind, wandern wir zu einem Bergkamm, von dem sich der Blick nach Süden öffnet.

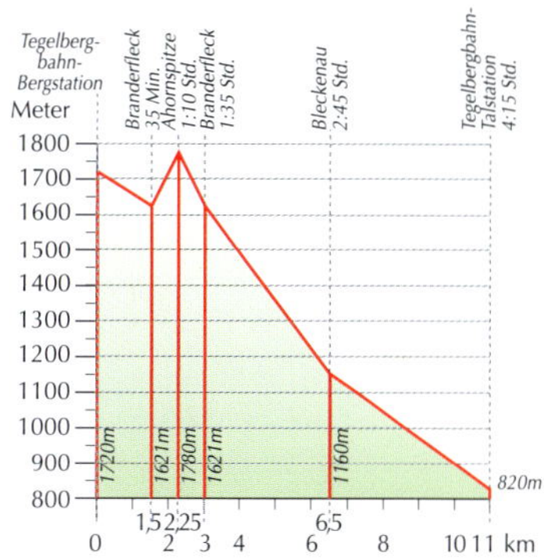

Der breite Weg, der an einer harmlosen Felsstelle mit einer Kette entschärft wurde, leitet nun ein kurzes Stück durch die steilen Südhänge des Branderschrofens abwärts und quert dann in gleich bleibender Höhe nach Osten. Hoch über uns leuchtet das Gipfelkreuz des Branderschrofens vor dem tiefblauen Himmel. Bald führt uns ein kurzer Anstieg ohne große Mühe zur Wegkreuzung am **Branderfleck** (1621 m) genannten Sattel hinauf. Wer die Ahornspitze nicht besteigen möchte, der biegt hier rechts in den gut ausgebauten Reitweg ein (Wegweiser Bleckenau).

Abstecher zur Ahornspitze: Wir gehen am Branderfleck geradeaus (Wegweiser Ahornsattel). Der jetzt schmale, erdige Weg windet sich in Kehren durch den Wald aufwärts zum Ostrücken der Ahornspitze. Anschließend queren wir in gleich bleibender

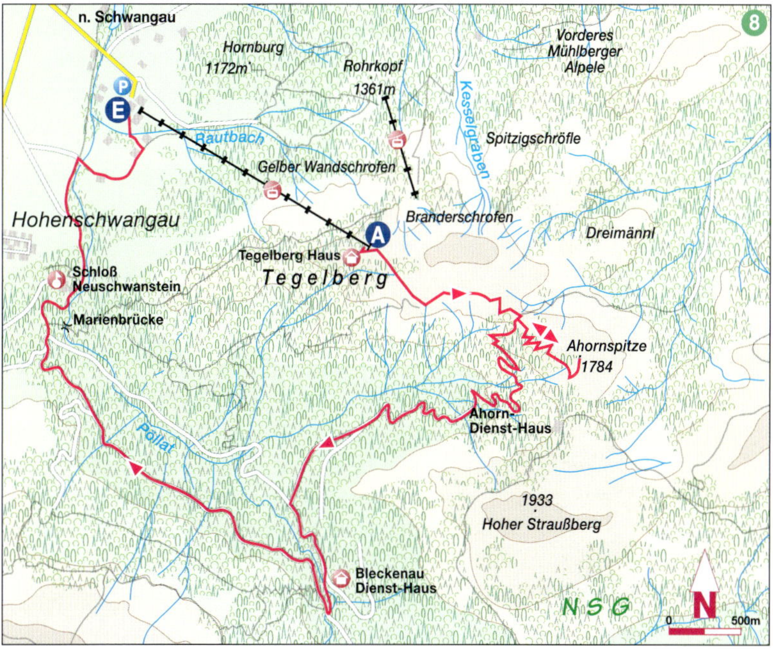

8

Höhe durch den Hang, bis wir links auf ein schmales Steiglein abzweigen (Wegweiser Ahornspitze). In Kehren steigen wir durch den Latschenhang zu einer Scharte hinauf, an der sich der Blick nach Osten auf die Felsgipfel im Herzen der Ammergauer Alpen öffnet. Hält man sich in der Scharte rechts, ist ein aussichtsreicher Vorgipfel schnell und problemlos zu erreichen. Von der Scharte links hinauf zieht ein etwas steilerer und anspruchsvollerer Steig durch Latschen und an Felstürmen vorbei hinauf zum nahen Gipfel der **Ahornspitze** (1780 m), von dem wir den herrlichen Rundumblick genießen. Vom Gipfel steigen wir wieder zum Querweg hinab. Geht man auf ihm nach links, kann man am nahen Ahornsattel rechts (Wegweiser Bleckenau) in einen schmalen, rot markierten Steig einbiegen. An der nächsten Weggabelung hält man sich wieder rechts (Wegweiser Bleckenau) und steigt zum Reitweg ab, den man wenig oberhalb der Ahornhütte erreicht. Da dieser Weg in recht schlechtem Zustand ist, empfiehlt es sich, dem vom Aufstieg bekannten Weg zurück zum **Branderfleck** zu folgen.

Hier biegen wir links in den breiten Reitweg ein (Wegweiser Bleckenau), der nach Süden in Kehren abwärts läuft. An der **Ahornhütte** geht er in eine Forststraße über, die uns zur geteerten Straße durch das Pöllattal hinabführt. Über sie kann man rechts Richtung Hohenschwangau wandern. Wir halten uns jedoch

Mit Hilfe eines schmalen Steges wird die engste Stelle der Pöllatschlucht überwunden.

links und folgen der Straße, die uns in 10 Min. zu den wundervoll gelegenen Wiesen der **Bleckenau** leitet. Links liegt etwas erhöht die urige, im ehemaligen königlichen Jagdhaus untergebrachte **Wirtschaft** (1167 m), von der aus man auch mit dem Bus nach Hohenschwangau und zur Talstation der Tegelbergbahn zurückkehren kann.

Südlich des Tegelberges erhebt sich die imposante Berggestalt des Säuling.

Wir überqueren in der Bleckenau die Pöllat und biegen kurz darauf rechts in eine Forststraße. Sie steigt sanft an und quert dann die bewaldeten Nordhänge, ehe sie abwärts zu einer Kreuzung oberhalb von Schloss Neuschwanstein führt. Hier geradewegs über die Straßenkreuzung und auf dem viel begangenen Teerweg, vorbei am Abzweig zur Marienbrücke, steil abwärts bis vor das **Schloss Neuschwanstein**. Nun geht es rechts in den Treppenweg (Wegweiser Pöllatschlucht), der zur Pöllat hinabführt. Wir wandern an der linken Talseite abwärts und überwinden den unteren, engsten Abschnitt der **Pöllatschlucht** auf einem schmalen Steg, der an einer senkrechten, glatten Felswand entlangführt. Kurz darauf treffen wir an der ehemaligen Gipsmühle auf einen Fahrweg, dem wir nach rechts folgen. An einer Gabelung rechts auf den breiten Kiesweg, der dem Lauf der Pöllat folgt. Bald überqueren wir rechts die Pöllat (Wegweiser Talstation Tegelbergbahn), biegen links in einen Kiesweg und wandern nun rechts über sanft ansteigende Wiesen aufwärts zur nahen **Talstation der Tegelbergbahn** (820 m).

9 Vom Tegelberg nach Neuschwanstein

Tiefblick zum Märchenschloss: Tegelbergbahn-Bergstation – Branderschrofen – Tegelbergbahn-Bergstation – Neuschwanstein – Tegelbergbahn-Talstation

Wohl kein Bauwerk prägt das romantische Bild Bayerns so wie das vom Märchenkönig Ludwig II. erbaute Schloss Neuschwanstein. Unser Weg leitet uns heute über einen Bergkamm abwärts, der uns abseits des Touristenrummels herrliche Tiefblicke zum Schloss gewährt.

mittel

6 km

2½ Std.

▶ **Tourencharakter:** Abstecher zum Branderschrofen nur für schwindelfreie, trittsichere Bergsteiger (zusätzlich 170 Hm und 40 Min.); Abstieg nach Neuschwanstein auf steinigem Steig für trittsichere Bergwanderer mit gutem Schuhwerk.
▶ **Beste Jahreszeit:** Vom Frühsommer bis zum Spätherbst.
▶ **Ausgangs- und Endpunkt:** Bergstation der Tegelbergbahn (ganzjährig in Betrieb); erste Bergfahrt zwischen 8.30 und 9 Uhr.
▶ **Markierung:** Wegweiser und Farbmarkierungen.
▶ **Verkehrsanbindung:** Ausgeschilderte Zufahrt von der B 17 nahe Schwangau zur Talstation der Tegelbergbahn. Bushaltestelle an der Talstation der Tegelbergbahn an der Linie Füssen–Steingaden.
▶ **Einkehr:** Im Tegelberghaus an der Seilbahn-Bergstation.
▶ **Unterkunft:** In Schwangau, Hohenschwangau und Füssen; im Tegelberghaus (1707 m) an der Seilbahn-Bergstation, Tel. 08362/8980.
▶ **Tourist-Info:** Tourist-Information Schwangau, Tel. 08362/8198-0; Tegelbergbahn, Tel. 08362/98360.

Der Wegverlauf

Abstecher zum Branderschrofen: Vor der **Bergstation der Tegelbergbahn** (1720 m) beginnt ein breiter Wanderweg, der nach links ansteigt. An der nahen Weggabelung halten wir uns links und folgen dem breiten Weg aufwärts. Bald ist eine aussichtsreiche Wiese erreicht, an der die meisten der Seilbahnbenützer zurückbleiben. Der Weg schlängelt sich weiter aufwärts bis zu einem schwach ausgeprägten **Vorgipfel**. Hier warnt ein Schild mit der Aufschrift »**Stop – nur für Geübte**« vor dem Weiterweg; es wird allerdings nicht von allen beachtet, für die es aufgestellt wurde.

Der Steig, der ab hier an einigen Stellen mit Drahtseilen gesichert ist, wird jetzt schmal und quert in die steile Südflanke. Ein kurzer Anstieg bringt uns auf die luftige Gratschneide hinauf. Der Fels ist stark abgeschmiert und bei Nässe ist ab hier Vorsicht geboten.

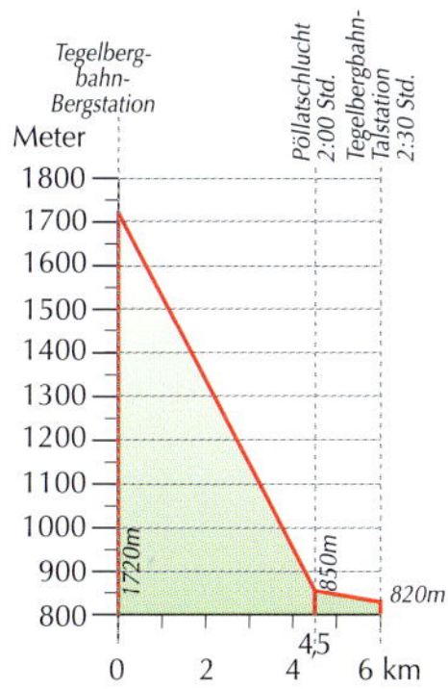

Wir steigen jetzt links des Kamms zum felsigen Gipfelaufbau, den wir in leichter Kletterei überwinden. Vom großen Metallkreuz auf dem Gipfel des **Branderschrofen** (1880 m) genießen wir die herrlichen Ausblicke. Vom Gipfel steigen wir wieder hinab zur **Bergstation der Tegelbergbahn**.

Abstieg nach Neuschwanstein: Von der **Bergstation der Tegelbergbahn** wandern wir links am **Tegelberghaus** vorbei und auf einem breiten Weg abwärts (Wegweiser Marienbrücke, Hohenschwangau). Bis hinunter zum Schloss Neuschwanstein läuft unser Weg gemeinsam mit dem Europäischen Fernwanderweg E4. Der breite Weg knickt nach kurzer Strecke nach rechts und führt uns unter der Seilbahn hindurch abwärts. Kurz nach einer Lifttrasse erreichen wir eine Weggabelung. Rechts führt der Normalabstieg hinab zur Talstation. Wir halten uns jedoch links (Wegweiser Marienbrücke, Hohenschwangau).

Kurze Zeit später biegt rechts der Direktabstieg durch die »Gelbe Wand« ab, der nur trittsicheren und schwindelfreien Bergsteigern angeraten werden kann. Wir gehen hier geradeaus weiter und wandern ein zweites Mal unter der Seilbahn hindurch. Teils eben, teils abwärts quert der Weg nun durch den steilen, wald-

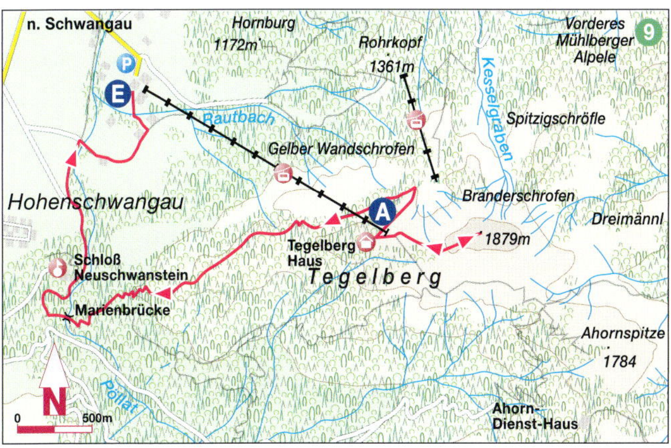

9

Der Gipfelanstieg zum felsigen Branderschrofen sollte nicht unterschätzt werden.

reichen Nordhang des Tegelbergkopfes. Vorbei an einigen Felstürmen unterhalb des Weges erreichen wir den westlich vom Tegelbergkopf steil abfallenden Bergkamm.

Der gute Weg wechselt auf die sonnige Südseite des Berges und führt uns nahe dem Westkamm bergab. An einer Stelle, an der der Steig eine steile Flanke quert, gibt ein vorsorglich installiertes Stahlseil zusätzliche Sicherheit. Danach windet sich unser Weg in Serpentinen zwischen latschenbewachsenen Felstürmen abwärts. Immer wieder eröffnen sich Blicke hinab zum Märchenschloss Neuschwanstein, das nach und nach näher rückt und weitere Details erkennen lässt. Bald wird das Gelände zahmer und der Weg schlängelt sich durch Buchenwald abwärts.

Noch einmal erreichen wir einen phantastischen Aussichtspunkt,

9

von dem wir nach Neuschwanstein hinabsehen, ehe der Weg im Tal der Pöllat nach rechts knickt. Unvermittelt stehen wir vor der **Marienbrücke**, die in Schwindel erregender Höhe den Eingang zur Pöllatschlucht überspannt. Hinter der Brücke erreichen wir eine Wegkreuzung, an der wir rechts zum **Schloss Neuschwanstein** (siehe Tipp-Kasten) hinabgehen (Wegweiser Pöllatschlucht, Tegelbergbahn).

Kurz vor dem **Schloss** biegen wir rechts auf einen Treppenweg ab (Wegweiser Pöllatschlucht, Tegelbergbahn), der uns zur Pöllat hinabführt. Rechts rauscht ein mächtiger Wasserfall durch die enge Schlucht, über dem sich der Bogen der Marienbrücke spannt. Unser Weg wendet sich im Tal nach links und bringt uns zum unteren Abschnitt der **Pöllatschlucht**. Die Felswände rücken zu einer engen Klamm zusammen und ein Metallsteg vermittelt uns über dem tobenden Fluss den Weiterweg. Das Tal wird bald wieder weiter und neben einer alten **Gipsmühle** erreichen wir eine Wegkreuzung.

Wir folgen dem breiten Weg nach rechts (Wegweiser König-Ludwig-Weg), gehen an der nächsten Gabelung geradeaus (Wegweiser Tegelbergbahn) und halten uns dann nach wenigen Metern rechts (Wegweiser Tegelbergbahn). Wir wandern auf dem Dammweg 400 m am Flüsschen entlang bis zu einem schmalen Sträßchen. Auf ihm nach rechts (Wegweiser Abkürzung zur Tegelbergbahn) und hinter der Brücke links auf den Wanderweg. Nach 300 m gehen wir an der Weggabelung rechts. Bald wendet sich unser Weg nach links und bringt uns zur nahen **Talstation der Tegelbergbahn** (820 m).

Schloss Neuschwanstein

Angefacht durch seine romantische Mittelalterbegeisterung und angeregt durch einen Besuch der Warthburg ließ König Ludwig II., der einen Großteil seiner Jugend auf dem nahen Schloss Hohenschwangau verbrachte, an Stelle einer Burgruine ab 1869 Schloss Neu-Hohenschwangau erbauen. Bis zu seinem Tod im Jahre 1886 wurde an diesem Gesamtkunstwerk gearbeitet, das bis auf den Bergfried und die Kapelle größtenteils fertig gestellt wurde. Erst ab 1890 bürgerte sich für das Schloss, das heute zu den größten Touristenmagneten in Deutschland zählt, der Name Neuschwanstein ein.

10 Von Hohenschwangau auf den Säuling

Felsberg über Schloss Neuschwanstein: Hohenschwangau –Wildsulzhütte – Säuling – Säulinghaus – Wildsulzhütte – Hohenschwangau

Breitschultrig baut sich im Süden über Schloss Neuschwanstein der markante Felsgipfel des Säulings auf. Der steile Anstieg wird durch eine weite Aussicht über die Bergwelt rund um das Lechtal und bezaubernde Tiefblicke auf die Schlösser und Seen am Alpenrand entlohnt.

anspr.
11 km
6 Std.

▶ **Tourencharakter:** Im Gipfelbereich verlangen schmale, teils mit Drahtseilen gesicherte Steige Bergerfahrung und Trittsicherheit.
▶ **Beste Jahreszeit:** Juni bis Oktober.
▶ **Ausgangs- und Endpunkt:** Der große Parkplatz in Hohenschwangau am Fuß von Schloss Neuschwanstein.
▶ **Markierung:** Wegweiser und Farbmarkierungen.
▶ **Verkehrsanbindung:** Mehrere beschilderte Zufahrtsstraßen, die bei Schwangau von der B 17 nach Süden zum Parkplatz in Hohenschwangau abzweigen. In Hohenschwangau Haltestelle der Buslinie Füssen–Steingaden.
▶ **Einkehr:** Im Säulinghaus und am Ausgangspunkt.
▶ **Unterkunft:** In Hohenschwangau; im Säulinghaus (1693 m), Tel. ++43/(0)664/2 52 44 15.
▶ **Tourist-Info:** Tourist-Information Schwangau, Tel. 08362/81 98-0.

Der Wegverlauf

Vom großen **Parkplatz in Hohenschwangau** (800 m) führt zwischen einigen Gebäuden die Straße aufwärts, über die die Pferdekutschen ihre internationale Kundschaft nach Neuschwanstein hinaufkarren. Wir biegen, bevor die Straße ansteigt, zum Parkplatz auf der linken Seite ab. An seinem Ende finden wir einen Fußweg (Wegweiser Pöllatschlucht, Tegelbergbahn). Nach wenigen Metern halten wir uns rechts (Wegweiser Schloss Neuschwanstein, Marienbrücke) und folgen dem geteerten Fußweg, der uns in Serpentinen durch den Waldhang aufwärts führt, bis wir kurz vor König Ludwigs Traumschloss auf die

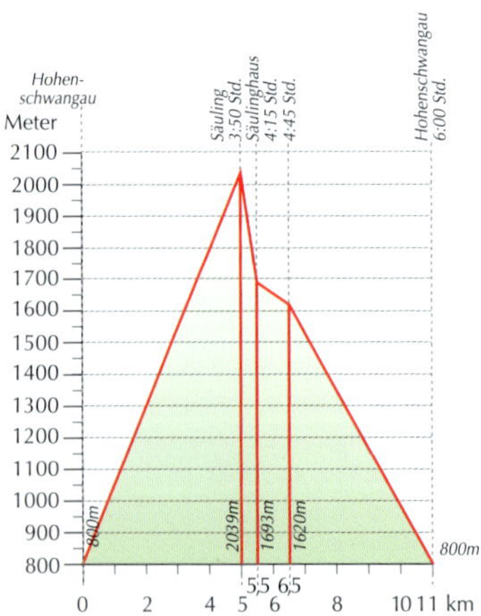

10

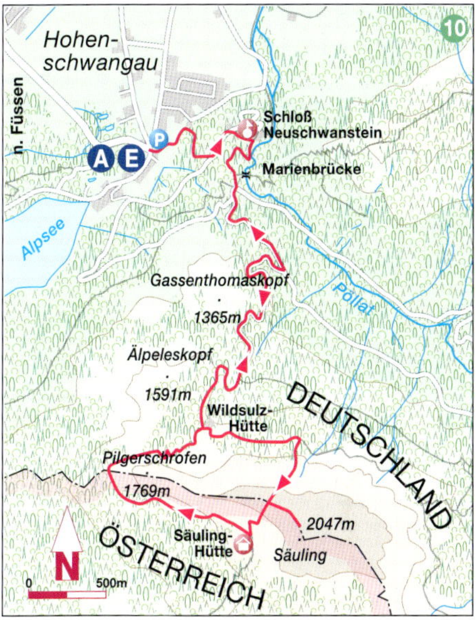

Fahrstraße stoßen. Auf ihr nach links bis zum Kutschenwendeplatz vor dem **Schloss Neuschwanstein**. Wir biegen rechts in einen geteerten Wanderweg ein (Wegweiser Tegelberg, Säuling), halten uns an einer Gabelung erneut rechts (Wegweiser Weg 36) und gehen auf dem steilen Weg aufwärts. An der nächsten Wegkreuzung halten wir uns links (Wegweiser Marienbrücke, Tegelberg) und wandern am Abzweig zur Marienbrücke vorbei geradewegs aufwärts zur Bushaltestelle an einer Teerstraße.

An der Kreuzung gehen links zwei Straßen ab. Wir nehmen die rechte der beiden, die als unbefestigte Forststraße durch den Wald bergan führt (Wegweiser Säuling, Pilgerschrofen). Durch die Fichtenäste schimmern die hellen Mauern von Schloss Neuschwanstein zu uns herauf, ehe uns die Forststraße in einer Kehre nach links leitet (Wegweiser Säuling, Bleckenau). Wir wandern einige Minuten bergauf, bis wir scharf nach rechts auf eine Forststraße abbiegen (Wegweiser Säuling). Sie führt uns durch den bewaldeten Hang aufwärts. Bald können wir zur steilen Nordflanke des Säulings hinauf blicken, durch die uns der anspruchsvolle Gipfelweg leiten wird. Die Straße bringt uns in die kleine Karmulde des **Ochsenangers**, deren Wiesenboden von dunklen Wäldern und den hellen Kalkwänden überragt wird.

Hier zweigt rechts ein schmaler Steig ab, der im steilen Waldhang weit nach rechts ausholt. Dann quert er links haltend in das **Pilgerkar** hinüber, über dem die Kalkzinnen des Pilgerschrofens im Morgenlicht leuchten. Im Pilgerkar halten wir uns an der

10

Weggabelung neben der kleinen **Wildsulzhütte** links (Wegweiser Säuling) und folgen dem schmalen Steig, der uns steil nach oben führt. Bald quert der Weg in gleich bleibender Höhe durch den Nordhang des Säulings. Nach dieser erholsamen Strecke erreichen wir die Weggabelung, an der der anstrengende Gipfelanstieg beginnt. Wir halten uns rechts (Wegweiser Säuling) und steigen steil zum schrofigen Felsgürtel der Säuling-Nordflanke hinauf. Eine kurze **Eisenleiter** erleichtert uns den Einstieg. Geschickt schwindelt sich der rot markierte Steig durch das Steilgelände nach oben. Der Weg ist an keiner Stelle ausgesetzt, doch mehrmals müssen die Hände zupacken. Trittsicherheit ist hier unbedingtes Gebot, um den Steig gefahrlos bewältigen zu können. Im oberen Bereich erleichtern uns einige Stahlseile den Anstieg, ehe wir auf die **Gemswiese** im Sattel westlich des Gipfels hinaustreten. Vom Sattel führt uns der kurze Schlussanstieg nach links über harmlose Matten aufwärts. Nach oben hin wird der Weg wieder steiler, doch bald stehen wir neben dem Kreuz auf dem Westgipfel des **Säulings** (2039 m). Eine schönere Aussichtswarte lässt sich nur schwerlich finden.

Im Herbst wirft der Säuling seinen Schatten bis hinab zum Schloss Neuschwanstein.

Nach langer Rast steigen wir wieder in den Sattel westlich des Gipfels hinab. Hier halten wir uns links (Wegweiser Säulinghaus) und folgen dem Steig, der über die zunächst grasige, teils Fels

10

durchsetzte Südflanke des Säuling bergab führt. Kurz vor dem Säulinghaus versperrt eine steile Felsstufe den Weg. Im Stile eines leichten Klettersteiges überwinden wir entlang hilfreicher Ketten und Seile diesen schwierigen Abschnitt und können danach ohne Probleme zum nahen **Säulinghaus** (1693 m) absteigen.
Wenige Meter vor der Hütte erreichen wir eine Wegkreuzung, an der wir nach rechts gehen (Wegweiser Hohenschwangau). Über Schutthalden quert der Weg unter dem Felsgrat, der den Säuling mit dem Pilgerschrofen verbindet, nach Westen. Der Steig taucht bald in den schattigen Wald ein und mogelt sich zwischen Felsblöcken und umgestürzten Bäumen hindurch. Die Wegspur verliert sich an einigen Stellen, doch die gute rote Markierung lässt nie Zweifel aufkommen.
Der Weg biegt an der Grenze zwischen Österreich und Deutschland um den Westkamm des felsigen Pilgerschrofens, der rechts über uns steht. Wir gehen am Wandfuß entlang, ehe uns ein letzter kurzer Anstieg auf den Bergkamm südlich des Pilgerschrofens hinaufbringt. Jenseits führt uns der Steig abwärts zur **Wildsulzhütte** im **Pilgerkar**.
An dieser Stelle schließt sich der Kreis der Säuling-Überschreitung. Dem morgendlichen Aufstiegsweg folgend, wandern wir zurück zum Parkplatz in **Hohenschwangau**.

Vom Gipfel des Säuling geht der Blick nach Westen zu den Tannheimer Bergen (links) und nach Süden ins Lechtal (rechts).

11 Rund um den Alpsee

Bergsee und Königsschlösser: Hohenschwangau – Alpsee – Israelit – Marienbuche – Neuschwanstein – Pöllatschlucht – Hohenschwangau

Ein enges Tal zwängt sich durch die Berge, auf denen die Königsschlösser Neuschwanstein und Hohenschwangau thronen, und öffnet sich unvermittelt zu dem weiten Kessel, in dem der malerische Alpsee liegt. An seinen Ufern kann man ungestört die stille Schönheit dieser Landschaft genießen.

leicht

9 km

3¼ Std.

ja

▶ **Tourencharakter:** Eine einfache Wanderung auf breiten Wanderwegen und schmalen Waldsteigen, die herrliche Blicke zu den Königsschlössern und auf den Alpsee bietet. Schon nach wenigen Minuten lässt man den Touristenrummel an den Königsschlössern hinter sich und wandert vor allem südlich des Sees auf einsamen Waldwegen. Die schattigen Wege bieten eine erholsame Wanderung für heiße Sommertage.
▶ **Beste Jahreszeit:** Vom Frühjahr bis in den Spätherbst.
▶ **Ausgangs- und Endpunkt:** Der große Parkplatz in Hohenschwangau am Fuß von Schloss Neuschwanstein.
▶ **Markierung:** Wegweiser.
▶ **Verkehrsanbindung:** Mehrere beschilderte Zufahrtsstraßen, die bei Schwangau von der B 17 nach Süden zum Parkplatz in Hohenschwangau abzweigen.
In Hohenschwangau Haltestelle der Buslinie Füssen–Steingaden.
▶ **Einkehr:** In Hohenschwangau.
▶ **Unterkunft:** In Hohenschwangau und Schwangau.
▶ **Tourist-Info:** Tourist-Information Schwangau, 08362/81 98-0.

Der Wegverlauf

Vom großen **Parkplatz in Hohenschwangau** (800 m) wandern wir geradeaus auf der breiten Teerstraße durch das Tal (Wegweiser Alpsee, Schloss Hohenschwangau), das sich zwischen den Schlössern Neuschwanstein und Hohenschwangau nach Südwesten zwängt (Wegweiser Alpsee, Hohenschwangau). Vorbei an Hotels, Souvenirläden und Parkplätzen erreichen wir nach wenigen Minuten das Ufer des **Alpsees**. Wir halten uns rechts (Wegweiser Alpseerundweg, Hohenschwangau) und folgen einer schmalen Teerstraße. Die Fahrstraße nach Hohenschwangau bleibt bald rechts und nach einem Anstieg biegen wir links auf den Wanderweg ein (Wegweiser Alpseerundweg, Marienmonument). Die Touristenmassen haben wir nun hinter uns gelassen.
Nach wenigen Metern halten wir uns vor einem Aussichtspunkt am Steilufer rechts. Der wundervolle Weg, auf dem wir nur noch selten auf andere Wanderer treffen, führt anfangs hoch über dem

11

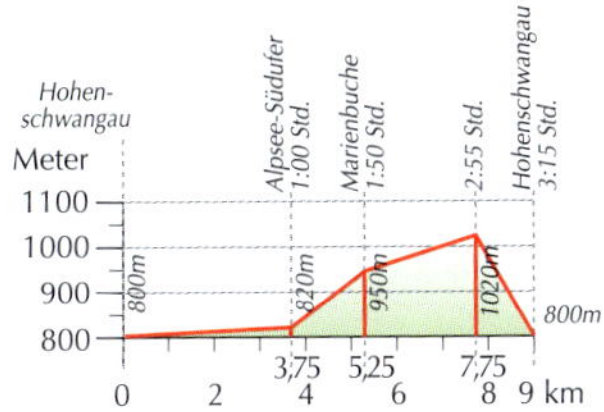

See entlang. Nach und nach steigt er dann zum Ufer hinab und führt uns um das Westende des Sees zum **Marienmonument**, von dem sich ein herrlicher Blick über den Alpsee nach Neuschwanstein bietet. Es erinnert an Maria von Bayern, die Frau des Bayernkönigs Max II. und Mutter des Märchenkönigs Ludwig II. Wir folgen weiterhin dem Uferweg, der uns bald als Holzsteg am felsigen Steilufer entlang führt und uns anschließend zu einer Wegkreuzung an einer mit Schilf umstandenen Bucht bringt. Folgt man hier weiter dem Seeufer, kann man an der Badeanstalt vorbei schnell zum Ausgangspunkt zurückwandern.

Wir biegen hier jedoch scharf rechts auf einen Wirtschaftsweg (Wegweiser Israelit, Marienbuche, Gnomensteig), der durch den Wald ansteigt. An seinem Ende wechseln wir rechts haltend auf einen schmalen Wanderweg und erreichen nach kurzer Strecke die eindrucksvollen Wände am **»Israelit«**, in denen Felshaken die Linien anspruchsvoller Sportkletterrouten markieren. Der

Weg führt uns an den Steilwänden entlang aufwärts zu einer Weggabelung. Zweigt man auf den linken Weg ein (Wegweiser Unterer Winterzugweg) und hält sich später rechts, kann man auf kürzerem Weg zur Marienbuche am Lobatboden aufsteigen.

Wir folgen jedoch dem wundervollen Gnomensteig gerade aufwärts, der sich durch den Waldhang nach oben schlängelt. An der Wegkreuzung am oberen Ende der Felsen halten wir uns links (Wegweiser Oberer Winterzugweg, Lobatboden). Der schmale Weg leitet uns in weiten Bögen durch den Waldhang aufwärts, biegt dann nach links und führt uns am linken Rand einer Talmulde zu einem Forstweg. Auf der bald breiten Forststraße wandern wir geradewegs zur nahen **Marienbuche am Lobatboden** (950 m). Wir folgen weiterhin der breiten Forststraße (Wegweiser Hohenschwangau, Oberer Winterzugweg), die noch kurz ansteigt und uns dann bergab zu einer Weggabelung führt. Wir wechseln rechts auf einen schmaleren Forstweg (Wegweiser Oberer Winterzugweg), der nach einem sanften Anstieg geradewegs in einen Steig übergeht. Er leitet uns in gleich bleibender Höhe durch den steilen Waldhang. Mehrmals sind harmlose Schuttrinnen zu überqueren, bis wir am Fuß steiler Felsabbrüche auf die Straße treffen, auf der die Touristenbusse zum Schloss Neuschwanstein hinauffahren. Wir bleiben hier am besten noch auf dem schmalen Steig, der wenige Meter oberhalb der Straße durch den Hang steil nach oben führt (Wegweiser Oberer Winterzugweg, Säulingweg). Bald queren wir auf einem Steg einen steil abfallenden, felsigen Wildbachtobel und wandern dann eben zu einer breiten Forststraße (1020 m). Auf

Unterhalb von Schloss Neuschwanstein hat sich die Pöllat eine wilde Schlucht gegraben.

11

ihr links abwärts zur nahen Straßenkreuzung, an der die Fahrgäste der Neuschwanstein-Busse aussteigen.
Wir überqueren die Straße und gehen auf dem steilen Teerweg geradeaus abwärts bis vor das **Schloss Neuschwanstein**. Hier kann man sich links halten und direkt zum Parkplatz in Hohenschwangau absteigen. Wir biegen jedoch rechts in den Treppenweg ein (Wegweiser Pöllatschlucht), der zur Pöllat hinabführt. Bald öffnet sich der Blick über den Wasserfall hinauf zum atemberaubenden Mariensteg. Der Weg knickt nach links und leitet abwärts zum eindrucksvollsten Abschnitt der **Pöllatschlucht**. Auf einem schmalen, luftigen Steg, der in den glatten Felswänden verankert ist, durchqueren wir die wildromantische Schlucht, ehe uns der Weg zur ehemaligen Gipsmühle am Ausgang des Tales bringt. An dieser Stelle treffen wir auf einen breiten Fahrweg, dem wir nach links folgen (Wegweiser Füssen, Hohenschwangau). Auf ihm nach links und nach kurzer Strecke abermals links auf einem parallel verlaufenden Wanderweg am Fuß des Schlossberges entlang, bis wir auf den geteerten Fußweg zum Schloss Neuschwanstein treffen. Er führt uns rechts zum nahen **Parkplatz in Hohenschwangau** (800 m) zurück.

Auf dem Alpsee spiegeln sich die Berge, die über Schloss Neuschwanstein aufragen.

12 Von Füssen zum Schloss Hohenschwangau

Spaziergang zu den Königsschlössern: Füssen – Lechfall – Alpenrosenweg – Schloss Hohenschwangau – Schwansee – Kalvarienberg – Füssen

Wir beginnen unsere Wanderung im malerischen Füssen, dessen Geschichte bis in römische Zeit zurückreicht. Von der Altstadt führt der schattige Weg über bewaldete Vorberge zum Schloss Hohenschwangau und zum Schwansee, der zu einem erfrischenden Bad einlädt.

leicht

8,5 km

3 Std.

ja

▶ **Tourencharakter:** Einfache Wanderung durch die Vorberge zwischen Füssen und den Königsschlössern.
▶ **Beste Wanderzeit:** Vom Frühjahr bis in den Spätherbst.
▶ **Ausgangs- und Endpunkt:** Die Lechbrücke am Südrand der Altstadt von Füssen.
▶ **Markierung:** Wegweiser.
▶ **Verkehrsanbindung:** Füssen liegt an der B 17 (Romantische Straße) und ist mit der Bahn problemlos erreichbar.
▶ **Einkehr:** Am Lechfall, in Hohenschwangau und Füssen.
▶ **Unterkunft:** In Füssen, Schwangau und Hohenschwangau.
▶ **Tourist-Info:** Füssen Tourismus, Tel. 08362/93 85-0; Tourist-Information Schwangau, Tel. 08362/81 98-0.

Der Wegverlauf

Wir beginnen unsere Wanderung an der **Lechbrücke** am südlichen Rand der Altstadt von **Füssen** (800 m). Am Nordufer des Lechs führt uns ein Fußweg in das nahe **Bad Faulenbach**. In dem kleinen Ort biegen wir links in den Mühlenweg. Er knickt bald nach rechts um und wir steigen geradeaus eine Treppe hoch. Wir verlassen den Ort in südlicher Richtung, halten uns an einer Straßengabelung links (Wegweiser Lechfall) und folgen, vorbei an einer Hinweistafel zur römischen Via Claudia Augusta, dem Weg zum tosenden **Lechfall**, in dessen Gischt das Sonnenlicht einen Regenbogen malt. Wir überqueren auf der schmalen Brücke den Fluss und steigen zur Bundesstraße hinauf.

Jenseits der B 17 beginnt eine schmale Teerstraße, die an einem Biergarten vorbei aufwärts führt (Wegweiser Alpenrosenweg, Hohenschwangau). Nach 200 m biegen wir an einer Weggabelung rechts in den von Alleebäumen beschatteten Weg (Wegweiser Alpenrosenweg, Hohenschwangau), der uns sanft aufwärts zu einem

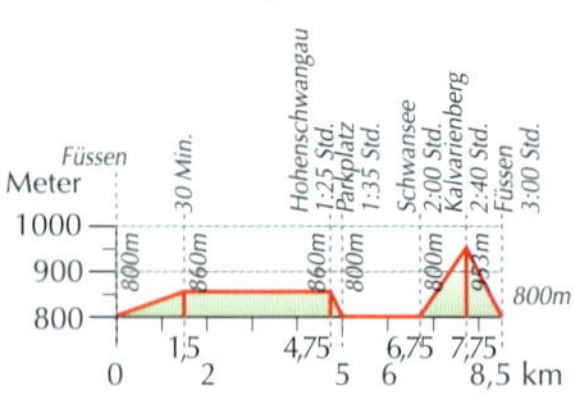

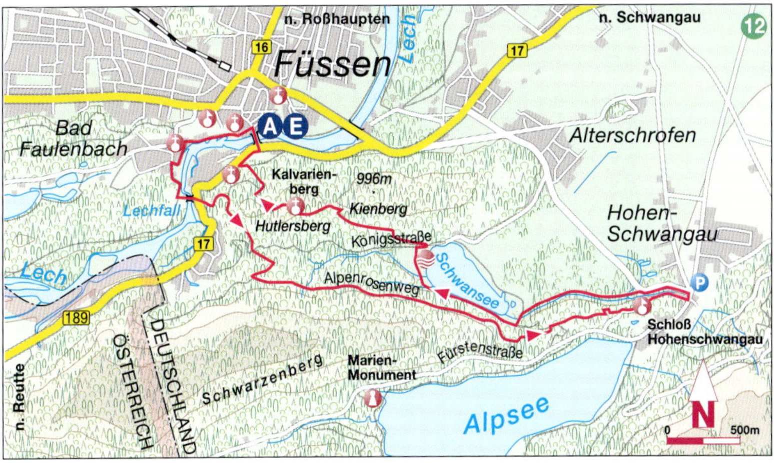

geteerten Weg führt. Wir folgen ihm rechts hinauf. Er geht in einen Kiesweg über und bringt uns zu einer Kreuzung, an der wir rechts auf einen Wanderweg einbiegen (Wegweiser Alpenrosenweg, Hohenschwangau). Nach 100 m halten wir uns erneut rechts und kreuzen dann auf einem Bergsattel eine breite Forststraße (Wegweiser Alpenrosenweg nach Hohenschwangau). Auf schmalem Forstweg wandern wir über einen kleinen Hügel und überqueren im folgenden Sattel einen Wirtschaftsweg.
Kurz darauf knickt der **Alpenrosenweg** an der Nordflanke des Schwarzenbergs nach links und führt uns als herrlich angelegter Steig hoch über dem Schwansee durch den steilen Waldhang. Mühelos wandern wir in gleich bleibender Höhe zur Wegkreuzung im Bergsattel zwischen Alpsee und Schwansee. Links führt der Fischersteig zum nahen Schwansee hinab und ermöglicht für jene, die Schloss Hohenschwangau schon kennen, eine kürzere Alternativroute. Wir gehen jedoch kurz geradeaus (Wegweiser Schloss Hohenschwangau), halten uns nach wenigen Metern links (Wegweiser Ruine Frauenstein, Schloss Hohenschwangau, Weg 47) und ersteigen auf schmalem Weg den Hügel, auf dessen Gipfel die Grundmauern der mittelalterlichen **Burg Frauenstein** liegen. Jenseits führt uns der Weg in Serpentinen bergab und bringt uns danach zu einem Teersträßchen, dem wir links zum nahen **Schloss Hohenschwangau** (860 m) folgen. Durch das Tor wandern wir hinauf zum Schlosshof.

12

Über dem tosenden Lechfall zaubert die Sonne einen Regenbogen in die Gischt.

Nach einem Rundgang durch die südseitigen Gartenanlagen mit anschließender Schlossbesichtigung kehren wir zum **Schlosshof** zurück. Dort beginnt an einem Tor ein Treppenweg, der in östlicher Richtung bergab läuft. Unterhalb des Schlossgeländes biegen wir links in einen Weg (Wegweiser Sommerweg), der uns durch Wald zum großen **Parkplatz in Hohenschwangau** hinabführt. Wir gehen vom Postamt an der Straße entlang nach links.

Die Straße biegt bald nach rechts und wir wandern geradeaus auf einem breiten Weg am Bach entlang, der am Fuße des felsigen Schlossberges plätschert (Wegweiser Schwansee, Füssen). Kurz vor dem Schwansee treffen wir auf den Rundweg, dem wir links über den Bach folgen. An der folgenden Wegkreuzung halten wir uns rechts und wandern am Ufer des Schwansees entlang, bis wir am Ende einer mit bunten Frühjahrsblumen bewachsenen Moorwiese auf eine Sandstraße stoßen. Wir folgen ihr kurz nach rechts.

Nach wenigen Metern setzt links ein Wanderweg an (Wegweiser Kalvarienberg), auf den wir einbiegen. Er führt uns in weit ausla-

12

denden Kehren durch den Südhang des Kienbergs aufwärts. Unter einer Felswand schwenkt er nach links und quert den Hang nach Westen. An der Stelle, an der der breite Weg flach wird, wechseln wir rechts auf einen Steig (Wegweiser Kalvarienberg), der uns zu einer Wegkreuzung auf dem Bergkamm bringt. Wir gehen auf dem schönen Waldsteiglein links hinauf (Wegweiser Füssen) und halten uns an der Weggabelung kurz vor dem höchsten Punkt rechts. Schnell sind wir oben auf dem **Kalvarienberg** (953 m). In den übereinander gebauten Kapellen ist eine Darstellung von Jerusalem zu bewundern und vom modernen Kruzifix auf dem Gipfel genießen wir den herrlichen Blick auf Berge, Seen, Schlösser und die Stadt Füssen.
Vom Gipfel steigen wir jenseits auf einem angenehmen Weg den Stationen des Kreuzwegs folgend ab. Angelegt wurde der Kreuzweg zwischen 1837 und 1842 auf Veranlassung des damaligen Füssener Stadtpfarrers. Am Rand der Hirschwiese, unterhalb der neugotischen **Marienkapelle** und einer modernen Christusgruppe, überqueren wir geradewegs die Forststraße (Wegweiser Füssen) und gehen auf schmalem Weg auf die unter uns liegende Altstadt von Füssen zu. An der Kreuzung neben einer kleinen Kapelle halten wir uns links und erreichen kurz darauf neben der Kirche »Zu unserer Lieben Frau am Berg« die B 17. An ihr entlang gehen wir nach rechts und erreichen danach über die **Lechbrücke** die nahe Altstadt von **Füssen**.

Schloss Hohenschwangau

1832 erwarb der bayerische Kronprinz Maximilian die Ruine eines Renaissance-Schlosses, das 1809 während der napoleonischen Kriege von aufständischen Tirolern zerstört worden war. Er ließ sie in neugotischem Stil zum Schloss Hohenschwangau umbauen und die prunkvollen Räume, die bis heute nahezu unverändert erhalten sind, mit großflächigen Bildern aus der deutschen Geschichte und Sagenwelt ausmalen. Vom Schlossgarten mit seinem plätschernden Brunnen hat man eine großartige Aussicht auf den Alpsee und die umgebende Bergwelt. Der spätere Märchenkönig Ludwig II. verbrachte hier einen großen Teil seiner Jugendjahre.

13 Rund um den Hopfensee

Blauer See am Fuß der Alpen: Hopfen am See – Gasthof Wiesbauer – Burgplatz – Hopfen am See

Nördlich von Füssen schmiegt sich der Hopfensee in die malerische Wiesenlandschaft des Alpenvorlandes. Rund um den See, von dessen Ufer man herrliche Blicke auf die Alpen genießt, führt eine beliebte Wanderung. Ein Abstecher zu den eindrucksvollen mittelalterlichen Ruinen auf dem aussichtsreichen Burgberg krönt diese einfache Rundtour.

leicht

km 7,5 km

2¼ Std.

ja

▶ **Tourencharakter:** Auf breiten, viel begangenen Wegen ohne Anstrengung rund um den Hopfensee. Zum Abschluss ein steiler, kurzer Anstieg auf den Burgberg, von dem man einen herrlichen Blick zum Alpenbogen hat. Am schönsten ist die Tour, die an Wochenenden sehr überlaufen ist, außerhalb der Saison an klaren Herbsttagen. An heißen Sommertagen bietet der See ein erfrischendes Badevergnügen.
▶ **Beste Jahreszeit:** Je nach Schneelage das ganze Jahr über möglich.
▶ **Ausgangs- und Endpunkt:** Hopfen am See.
▶ **Markierung:** Wegweiser.
▶ **Verkehrsanbindung:** Mit eigenem Fahrzeug aus verschiedenen Richtungen zum am Nordufer der Hopfensees gelegenen Hopfen am See. Parkmöglichkeit entlang der Uferstraße oder bei Überlastung westlich außerhalb des Ortes. Bushaltestelle an der Linie von Füssen nach Pfronten.
▶ **Einkehr:** Im Gasthof Wiesbauer oder in Hopfen am See.
▶ **Unterkunft:** In Hopfen am See oder den Orten der Umgebung.
▶ **Tourist-Info:** Tourist-Information Hopfen am See, Tel. 08362/7458.

Der Wegverlauf

Von der Uferstraße in **Hopfen am See** (800 m) gehen wir über einen der Zugangswege zur nahen Uferpromenade hinab. Wir halten uns links und schlendern am See entlang zum Campingplatz im Ortsteil Fischerbichl. Hier wechseln wir auf einen breiten Kiesweg, der uns an Badeplätzen vorbei nach Süden führt. Kurz bevor wir eine Birkenallee erreichen, biegen wir rechts auf einen Weg ab (Wegweiser Hopfensee-Rundweg), der uns über die Ach leitet. Nun geht es durch sumpfiges Waldgelände und an ausgedehnten Schilfbeständen entlang nach Südosten, bis wir auf eine schmale Teerstraße treffen. Wir folgen ihr nach rechts bis zur nächsten Kreuzung. Wer im **Gasthof Wiesbauer** einkehren will, hält sich links und kann über den Parkplatz zum nahen Gasthof hinaufwandern, der auf einem aussichtsreichen Wiesenhügel über dem See gelegen ist.

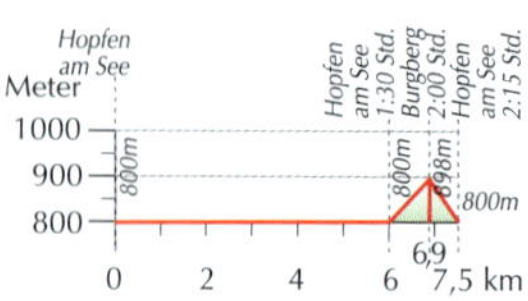

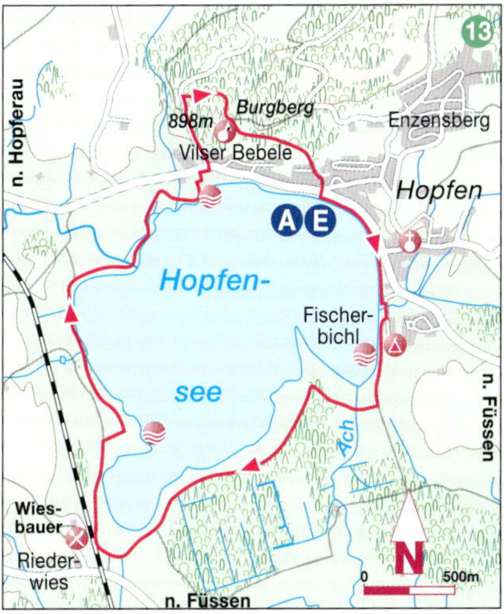

Wir wechseln jedoch geradewegs auf eine Schotterstraße und folgen ihr über die Wiesen, bis der Rundweg nach rechts abknickt. Auf ihm zu einer nahen Wegkreuzung, an der man geradeaus nach wenigen Schritten einen herrlichen Rast- und Badeplatz erreicht. Der Rundweg biegt an dieser Stelle aber nach links und folgt dem Westufer des Hopfensees nach Norden. Bald geht es im Zickzack durch Schilfland und Sumpfwiesen, bis wir nach einem Minigolfplatz am westlichen Ortsrand von **Hopfen am See** (800 m) die Hauptstraße erreichen. Wer den Burgberg nicht ersteigen will, kann von hier auf dem Fußweg geradewegs zur nahen Strandpromenade von Hopfen am See zurückwandern. Wir überqueren jedoch die Hauptstraße und folgen ihr ein kurzes Stück nach rechts, bis wir links in eine zu einem Parkplatz ausgeschilderte Nebenstraße einbiegen können. Auf ihr kurz aufwärts und dann über den Parkplatz zu einer Schotterstraße, die neben einem Haus nach oben führt (Wegweiser Burgruine). An der nächsten Weggabelung weiter geradeaus aufwärts (Wegweiser Burgplatz) und bald rechts auf eine Forststraße (Wegweiser Burgplatz), die ein kurzes Stück steil durch den Wald bergan führt. Das Gelände legt sich bald zurück und ohne weitere Mühe erreichen wir einen Sattel, neben dem die Grundmauern der alten Burg aufragen. Rechts führt ein kurzer Abstecher zur **Burgruine** (898 m) mit den Grundmauern des mächtigen Turms, von denen aus man einen wundervollen Blick über den Hopfensee zu den markanten Berggestalten des östlichen Allgäus hat.

Unser Abstiegsweg führt vom Sattel neben der Burg auf einem schmalen Pfad nach Süden hinab (Wegweiser Ortsmitte Hopfen am See). Der Weg wendet sich bald nach links und quert den bewaldeten Steilhang, bis er abwärts zu den ersten Häusern von Hopfen am See läuft. An dieser Stelle wechseln wir geradewegs auf eine Teerstraße, die uns zur Uferstraße **in Hopfen am See** (800 m) hinabführt.

14 Alatsee und Zirmgrat

Seen und Berge zwischen Füssen und Pfronten: Alatsee – Weißensee – Roßmoos – Zirmgrat – Alatsee

Südlich über dem einladenden Weißensee erhebt sich der lang gezogene Zirmgrat, der herrliche Blicke über das Vilstal ins Hochgebirge bietet. In einer Waldmulde versteckt sich dort der geheimnisvolle Alatsee, der ebenso wie der Weißensee zu einem erfrischenden Bad einlädt.

mittel

10 km

3¾ Std.

ja

▶ **Tourencharakter:** Auf Wirtschaftswegen und schmalen Steigen über den aussichtsreichen Bergkamm, der das Ostallgäu vom österreichischen Vilstal trennt. Sowohl der geheimnisvolle Alatsee als auch der heitere Weißensee bieten herrliche Bademöglichkeiten.

▶ **Beste Jahreszeit:** Vom Frühjahr bis in den Spätherbst.

▶ **Ausgangs- und Endpunkt:** Mit eigenem Fahrzeug der Parkplatz am Alatsee. Bei Anfahrt mit dem Bus startet man am besten im westlich des Weißensees an der B310 gelegenen Dorf Roßmoos und wählt als Zielort das direkt am Weißensee gelegene Oberkirch.

▶ **Markierung:** Wegweiser und Farbmarkierungen.

▶ **Verkehrsanbindung:** Mit eigenem Fahrzeug auf der B310, die Füssen mit Pfronten verbindet, bis zum Ostufer des Weißensees und von dort auf schmaler, ausgeschilderter Straße aufwärts zum Parkplatz am Alatsee. Mit dem Bus von Füssen, Pfronten oder Nesselwang bis zur Haltestelle Roßmoos an der B310 und wenige Meter aufwärts zur Brücke, die die Bundesstraße überspannt und über die die beschriebene Tour läuft. Für die Rückfahrt kann man schon in Oberkirch den Bus besteigen.

▶ **Einkehr:** Am Alatsee und in der Saloberalm.

▶ **Unterkunft:** In Füssen, Pfronten oder am Weißensee.

▶ **Tourist-Info:** Tourist-Information Weißensee, Tel. 08362/6500.

Der Wegverlauf

Vom **Alatsee** (868 m) gehen wir auf der Zufahrtsstraße zurück und biegen am Ende der Parkzone links in einen Forstweg (Wegweiser Oberkirch, Weißensee). Nach kurzer Strecke wechseln wir rechts auf einen beschaulichen Waldweg, der bald oberhalb des Weißensees durch den steilen Waldhang quert. Ein steiniger Weg ermöglicht dann einen vorzeitigen Abstieg zum Seeuferweg. Wir folgen jedoch weiter dem schmalen Hangsteig, der uns oberhalb steil abfallender Wände zur »**Magnusruh**« bringt. An dieser Stelle soll sich im 8. Jahrhundert der aus St. Gallen kommende heilige Magnus auf seinem Weg nach Füssen ausgeruht haben.

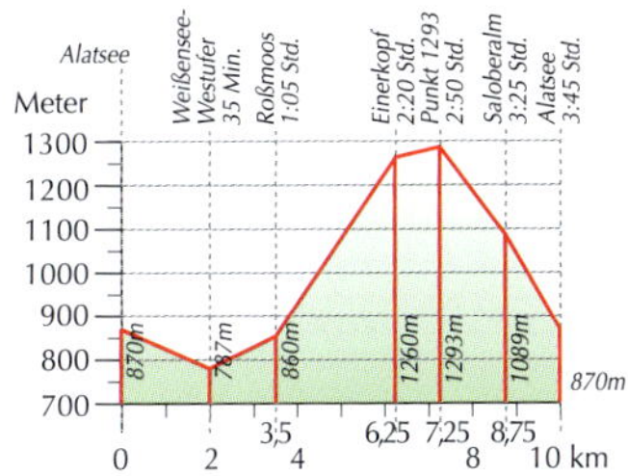

Anschließend geht es auch für uns hinab zum Ufer des **Weißensees** (787 m), dem wir auf breitem Weg nach links folgen. Vorbei an schönen Badeplätzen erreichen wir vor Oberkirch eine Weggabelung. Wer seine Tour an der Bushaltestelle in Roßmoos begonnen hatte, der kann hier rechts am See entlang zur Haltestelle im nahen Oberkirch gelangen. Wir halten uns jedoch links und wandern über den geteerten Wanderweg hinauf zu einem Parkplatz an der B310. Dort die Bundesstraße überqueren und der Oberkircher Straße folgen. Nach einem Linksknick wandern wir durch **Vorderegg** aufwärts, bis wir in ebenem Weideland eine Straßenkreuzung erreichen. Hier nach links (Wegweiser Roßmoos, Falkenstein), über eine nahe Vorfahrtsstraße und auf einer Brücke über die B310 nach **Roßmoos**. Vor und nach der Brücke führen von den nahen Haltestellen, an denen man bei Anreise mit dem Bus startet, Fußwege herauf.

Nach der Brücke halten wir uns rechts (bis zur Zufahrtsstraße zur Burggaststätte Falkenstein, Wegweiser Falkenstein) und gehen durch das Dorf aufwärts zu einer Kreuzung. Hier nach links und abzweigende Wege ignorierend zum Ortsrand hinauf. Wir folgen nun einem geteerten Weg durch die Wiesen aufwärts bis zu einem Kiesweg. Auf ihm nach links und bald geradewegs aufwärts

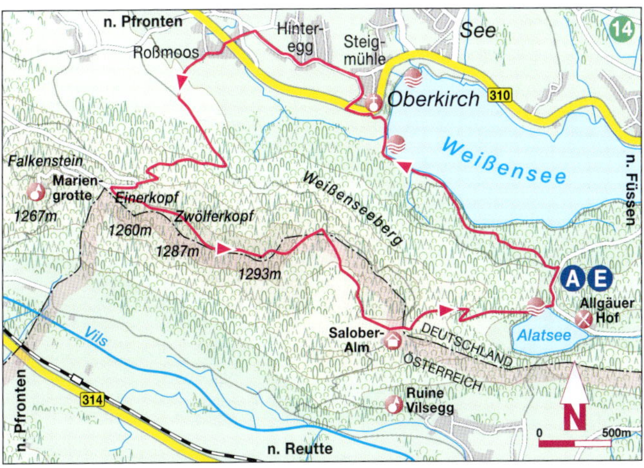

14

durch den Wald zu einer Weggabelung. Hier rechts auf einem Forstweg teils steil aufwärts. Wenig oberhalb einer scharfen Linkskurve wechseln wir rechts auf einen Weg, der uns bis zur geteerten Zufahrtsstraße zur Burggaststätte Falkenstein führt. Auf ihr bergan bis zu dem Sattel, der den Falkenstein vom Einerkopf trennt. Wir biegen scharf links in einen schmalen Steig (Wegweiser Alatsee, Zirmgrat), über den wir uns anfangs steil bergauf mühen. Bald quert er durch die Nordflanke des Einerkopfs bis vor den Sattel, der Zwölfer und Einser voneinander trennt. Nach wenigen Metern Anstieg erreichen wir diese aussichtsreiche Scharte, von der man rechts aufwärts den **Einerkopf** (1260 m) ersteigen kann.

Der Zirmgratweg quert geradewegs ohne große Anstiege durch die Nordflanke des Zwölferkopfs, bis wir die Gratschneide erreichen. Auch hier besteht wieder die Möglichkeit, einer Wegspur nach rechts zu folgen und nun den **Zwölferkopf** (1287 m) zu besteigen. Der Hauptweg folgt jedoch dem breiten, aussichtsrei-

Das tief eingeschnittene Vilstal trennt den Zirmgrat von den Tannheimer Bergen.

Eingefasst von bewaldeten Bergkämmen liegt die stille Wasserfläche des geheimnisvollen Alatsees.

chen Bergkamm nach Osten und führt uns auf den wenig ausgeprägten höchsten Punkt des **Zirmgrates** (1293 m).

An dieser Stelle beginnt der Abstieg durch den teils dichten Wald, der uns bald rechts des Kammes auf österreichischer Seite zu einer Wegkreuzung hinableitet. Geradeaus folgt der rot markierte Hauptweg im Auf und Ab dem Kamm. Schöner und einfacher zu begehen ist jedoch der Weg zur Saloberalm. Dazu durchqueren wir an der Wegkreuzung den Zaun, der links bleibt. Ohne große Mühe führt uns das Weglein teils über aussichtsreiche Almflächen zur bewirtschafteten **Saloberalm** (1089 m).

Wir folgen von der Alm der breiten Kiesstraße nach links und bald schon geht der Blick hinab zur Wasserfläche des Alatsees. Auf einem als »Friedrichsweg« ausgeschilderten Steig lässt sich eine Kehre der Schotterstraße abkürzen, ehe sie uns bis an das Seeufer hinabführt. Wir wenden uns nach links und erreichen nach kurzer Strecke die Parkplätze an der Zufahrtsstraße zum **Alatsee** (868 m).

Der Alatsee

In einer von steilen Waldhängen eingefassten Mulde liegt westlich von Füssen der Alatsee. Der malerische Bergsee, in dem man bedenkenlos baden kann, verbirgt einige Geheimnisse. Sein schwefelhaltiges, durch Algen rot gefärbtes Tiefenwasser ist giftig. Und während des Zweiten Weltkriegs war der See militärisches Sperrgebiet, in dem geheime Waffen getestet wurden. Die Schätze, die auf seinem lebensfeindlichen Grund vermutet werden, blieben bis heute unauffindbar.

15 Eisenberg und Hohen-Freyberg

Mächtige Burgen im Alpenvorland: Zell – Schweinegger Weiher – Lieben – Ruine Eisenberg – Ruine Hohen-Freyberg – Zell

Die wuchtigen Burgen Eisenberg und Hohen-Freyberg wachen seit dem Mittelalter vom Schlossberg aus über das Ostallgäuer Alpenvorland. Sie gehören zu den eindrucksvollsten Wehrbauten im Allgäu und bieten eine herrliche Aussicht zu den nahen Alpen.

leicht

8 km

$2\frac{3}{4}$ Std.

ja

▶ **Tourencharakter:** Einfache Wanderung zu eindrucksvollen Burgruinen, die auch für Kinder gut geeignet ist.
▶ **Beste Jahreszeit:** Vom Frühjahr bis in den Spätherbst.
▶ **Ausgangs- und Endpunkt:** Das Dorf Zell am Südfuß des Schlossbergs.
▶ **Markierung:** Wegweiser.
▶ **Verkehrsanbindung:** Zell liegt an der Straße von Pfronten nach Eisenberg bzw. Seeg; gute Parkmöglichkeit nordwestlich des Dorfes auf einem Wanderparkplatz (siehe Wegbeschreibung). Busverbindung ab Bahnhof Pfronten und Füssen.
▶ **Einkehr:** In der Schlossbergalpe und in Zell.
▶ **Unterkunft:** In Zell oder Eisenberg.
▶ **Tourist-Info:** Touristik-Information Eisenberg, Tel. 08364/12 37.

Der Wegverlauf

Wir beginnen unsere Wanderung im Ortszentrum von **Zell** (900 m) und gehen auf der Dorfstraße, vorbei an der Kirche und dem **Burgenmuseum Eisenberg**, geradewegs aus dem Ort. Nach 300 m liegt rechts der Straße ein Wanderparkplatz (empfohlene Parkmöglichkeit), an dem ein geteerter Wanderweg beginnt. Auf ihm (Wegweiser Seeger Schweinegg, Hohen-Freyberg, Eisenberg) steigen wir durch die Wiesen zum aussichtsreichen Bergsattel hinauf. Rechts führt jener Weg zu den Burgruinen hinauf, den wir später als Rückweg benützen. Wir gehen jedoch geradeaus auf einem breiteren Weg abwärts (Wegweiser Seeger Schweinegg) in ein Wiesental. Jetzt links haltend über die Wiese hinab auf einen Waldweg, der uns bald wieder auf eine Wiese führt.

Unter uns liegt nun inmitten feuchter Moorflächen der beschauliche **Schweinegger Weiher**, auf dem sich die Enten tummeln. Eine Wegspur leitet uns links abwärts in Richtung See und danach rechts über bunte Wiesen geradewegs zu einer einzeln stehenden Hütte, hinter der wir auf einen Wirtschaftsweg treffen. Auf ihm nach links zur nächsten Wegkreuzung und dort auf dem Feld-

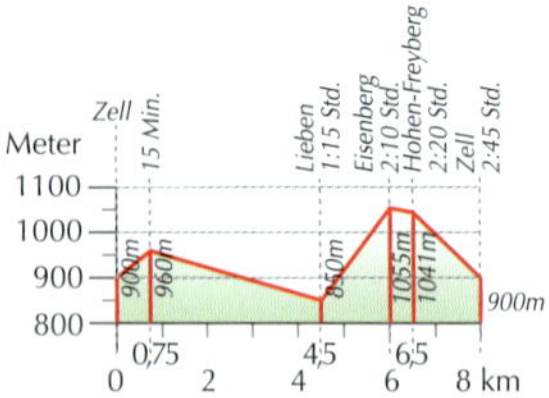

weg nach rechts (Wegweiser Seeger Schweinegg). Er bringt uns durch ein wundervolles Landschaftspuzzle aus Hügelkuppen und sanft geschwungenen Tälern, aus bunten Wiesen und dunklen Wäldern zu den Bauernhöfen von **Seeger Schweinegg**.

Wir stoßen auf eine schmale Teerstraße, auf der wir rechts durch eine Talmulde in den nahen Weiler **Schwarzenbach** wandern. Am Ortsende wechseln wir neben der kleinen Kapelle geradewegs auf einen Feldweg (Wegweiser Lieben, Eisenberg). Mächtig stehen die Ruinen der beiden Burgen über dem sanft geschwungenen Wiesental, das wir durchwandern. An der Wegkreuzung auf einem niedrigen Hügelchen gehen wir geradeaus und steigen durch Wiesen, die uns den Blick nach Osten über die Ammergauer Alpen zur Zugspitze freigeben, zum Weiler **Lieben** (840 m) hinab. An der ersten Kreuzung wenden wir uns auf einer schmalen Teerstraße nach rechts (Wegweiser Hohen-Freyberg, Eisenberg) und biegen nach 50 m rechts in einen Wirtschaftsweg ein (Wegweiser Hohen-Freyberg, Eisenberg).

Nach einem kurzen steileren Anstieg gehen wir an einer Weggabelung geradeaus über die Wiesen. Am Waldrand biegen wir links in einen schmalen, rot-weiß markierten Steig ein (Wegweiser Ruinen Freyberg und Eisenberg), der durch den steilen Waldhang links haltend bergauf führt. Er leitet uns auf den Ostrücken des Drachenköpfles und knickt dort nach rechts um. Wir wandern am Rücken entlang aufwärts und treffen nach einer kleinen Ebene auf einen breiteren Weg. Scharf nach links leitet ein kurzer Abstecher auf das Drachenköpfle. Wir folgen jedoch dem breiten Weg kurz rechts abwärts und wechseln dann wieder auf einen schmalen Steig, der uns zu einem Wiesensattel führt. Durch das Gatter gehen wir auf einen Feldweg und auf ihm geradewegs zur **Schlossbergalpe**.

15

Hinter den Gebäuden der Wirtschaft folgen wir einem Teerweg kurz rechts aufwärts und biegen vor dem Gatter links auf einen Wanderweg ein (Wegweiser Burgruinen Hohen-Freyberg und Eisenberg). Nach wenigen Metern wandern wir auf dem breiteren Weg rechts aufwärts bis zu einer Wegkreuzung, die auf dem Bergkamm zwischen den beiden Burgruinen liegt. Wir wenden uns zuerst nach links (Wegweiser Ruine Eisenberg) und steigen an der nächsten Weggabelung rechts zur mächtigen **Ruine Eisenberg** (1055 m) hinauf. Gegenüber ragt auf dem Nachbarhügel unser nächstes Ziel, die Burgruine Hohen-Freyberg, auf.

Von der **Burgruine Eisenberg** wandern wir wieder zurück zur Wegkreuzung und geradewegs in einen Wiesensattel hinab (Wegweiser Ruine Hohen-Freyberg). Jenseits führt uns ein kurzer Anstieg zur nahen **Ruine Hohen-Freyberg** (1041 m) hinauf. Nach der Besichtigung der großteils renovierten Mauern gehen wir wieder in den Wiesensattel hinab und finden dort rechts ein schmales Weglein (Wegweiser Schweinegg, Zell), das uns am linken Rand der Wiesen und durch Wald zu einer Wegkreuzung hinabführt. Wir halten uns rechts und wandern auf einer Sandstraße, von der wir einen letzten Blick zur Ruine Hohen-Freyberg werfen können, am Rand der Wiese abwärts. An der Wegkreuzung im Sattel gehen wir auf dem schon vom Morgen her bekannten Weg links (Wegweiser Zell) zum Wanderparkplatz hinab und von dort der Straße folgend links in das nahe **Zell** (900 m).

Auf zwei benachbarten Hügeln liegen die Ruinen der mittelalterlichen Burgen Eisenberg und Hohen-Freyberg.

Von Pfronten zur Burg Falkenstein

16

Steiler Burgfels über dem Vilstal: Bahnhof Pfronten-Steinach – Mariengrotte – Burgruine Falkenstein – Schlossangeralp – Bahnhof Pfronten-Steinach

Auf einem steil abfallenden Felskamm stehen westlich von Pfronten in einer Höhe von 1268 m die Mauerreste von Falkenstein, der höchstgelegenen Burgruine Deutschlands. Von diesem geschichtsträchtigen Ort bietet sich eine herrliche Aussicht auf Berge, Täler und das Alpenvorland.

▶ **Tourencharakter:** Eine einfache Familienwanderung mit einem steilen Anstieg zu Beginn.
▶ **Beste Jahreszeit:** Vom Frühjahr bis in den Spätherbst.
▶ **Ausgangs- und Endpunkt:** Der Bahnhof Pfronten-Steinach.
▶ **Markierung:** Wegweiser und Farbmarkierungen.
▶ **Verkehrsanbindung:** Der Bahnhof Pfronten-Steinach liegt gegenüber der Breitenbergbahn-Talstation an der B 309. Zugverbindung zum Bahnhof Pfronten-Steinach, zusätzlich Busverbindungen nach Füssen, Pfronten und Tannheim.
▶ **Einkehr:** Burggaststätte Falkenstein, Hotel Schlossangeralp und Gasthof Manzenstuben.
▶ **Unterkunft:** In Pfronten.
▶ **Tourist-Info:** Tourismus Pfronten, Tel. 08363/69888.

leicht
4,5 km
2½ Std.
ja

Der Wegverlauf

Vom Parkplatz gegenüber der **Talstation der Breitenbergbahn in Pfronten-Steinach** (850 m) gehen wir kurz entlang der Bundesstraße Richtung Osten. Nach 200 m biegen wir links in den Zirmenweg (Wegweiser Mariengrotte, Falkenstein, Weg 7), überqueren die Bahnlinie und treffen nach der Vilsbrücke auf einen Querweg. Auf dem breiten Kiesweg wenige Meter nach links und dann rechts in einen schmalen Wanderweg (Wegweiser Südanstieg Falkenstein, Schlossangeralp). Nach kurzem Anstieg gehen wir am Wegkreuz geradeaus (Wegweiser Falkenstein).
Der erste steilere Anstieg liegt bald unter uns und der hübsche Weg quert angenehm durch den steilen Südhang des Falkensteins nach Osten. Schnell nimmt die Steigung wieder zu und nach einigen Kehren zweigt links der schmale Steig zur Schlossangeralp ab.
Wir folgen jedoch dem Hauptweg nach rechts, der uns durch den Wald aufwärts leitet. Nach einigen Minuten leuchtet über den Bäumen die senkrechte, in hellen

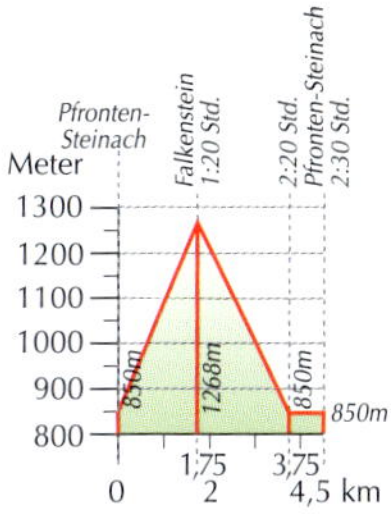

Farbtönen strahlende Südwand des Falkensteins auf. Noch gilt es, einige Höhenmeter zu überwinden, ehe wir über freies Gelände den Wandfuß erreichen. Der Weg zieht kurz nach rechts und führt uns zu einer tief in den Fels eingeschnittenen Furche, die die überhängende Wand durchreißt. In ihr ragt die große, 1889 aufgestellte Madonna auf, der die Felsspalte den Namen **Mariengrotte** verdankt. Von der Grotte steigen wir auf dem linken, oberen Weg direkt zur **Burggaststätte Falkenstein** hinauf. Links an der Terrasse setzt der gut ausgebaute Weg an, der uns zur nahen **Burgruine Falkenstein** (1268 m) hinaufbringt.

Von der **Burgruine** gehen wir wieder zur **Burgwirtschaft** zurück und finden links der Terrasse einen steinigen Steig, der uns in vielen Serpentinen durch den steilen Waldhang abwärts führt. Nach unten hin nimmt das Gefälle ab und der Weg bringt uns zu den Wiesen der Schlossangeralp. Der Steig läuft am Waldrand nach rechts und führt uns zu einer Teerstraße. Wir folgen ihr nach links, gehen geradewegs über den Parkplatz und dann auf einem Feldweg links an der **Schlossangeralp** vorbei (Wegweiser zum Manzengrat und Südabstieg nach Steinach). Unter der Burgruine Falkenstein, die links hoch über uns thront, wandern wir gerade-

Über der Mariengrotte ragen die sonnigen Südwände des Falkenstein auf.

Falkenstein

Auf einer steilen Felsspitze hoch über der wichtigen Straße durch das Vilstal wurde im 11. Jh. Burg Falkenstein erbaut. Bis ins 14. Jh. herrschten von hier Vasallen des Augsburger Bischofs über das Umland. Anfang des 15. Jh. hausten auf Falkenstein Raubritter, bis Kaufleute die Burg von angeworbenen Landsknechten niederbrennen ließen. Die wieder aufgebaute Burg wurde 1646 vor den anrückenden Schweden in Brand gesetzt. 1884 erwarb König Ludwig II. die Burgruine, um hier ein weiteres Märchenschloss zu errichten, das Neuschwanstein noch übertreffen sollte. Durch den Tod des Königs kam das Projekt jedoch nicht über einige Vorarbeiten hinaus.

wegs über die Wiesen zum Waldrand. Hinter dem Zaun gabelt sich der Weg. Links führt der Direktabstieg zu unserem Ausgangspunkt zurück.
Wir halten uns jedoch rechts (Wegweiser Manzengrat nach Steinach) und folgen dem schmalen Steiglein, das auf dem bewaldeten Bergkamm noch ein kurzes Stück sanft bergauf läuft. Der Waldweg verliert sich teils unter einer wundervoll weichen Nadeldecke; die guten roten Markierungen lassen trotzdem keine Zweifel aufkommen. Meist nahe dem Abbruch in das Vilstal, der uns immer wieder Ausblicke zu den gegenüberliegenden Bergen gewährt, wandern wir über den breiten Rücken nach Westen. Bald fällt der Bergkamm steiler ab und unser Steig windet sich in Serpentinen nach unten. Von einem Absatz wird der Blick hinab nach Pfronten frei. Unterhalb pendelt der zunehmend steinigere Weg in vielen Kehren Richtung Pfronten hinab. Wir lassen den nach Meilingen ausgeschilderten Weg rechts liegen und folgen weiterhin dem Serpentinenweg abwärts. Nach wenigen Minuten treffen wir unterhalb des **Gasthofes Manzenstuben** auf eine schmale Teerstraße.
Gegenüber finden wir die Fortsetzung des Wanderweges, die uns in einem Bachtobel wieder zur Teerstraße führt. Auf ihr rechts abwärts zur nahen Wegkreuzung am Rande des Talbodens, kurz nach links und noch vor der Vilsbrücke wieder links auf einen Kiesweg (Wegweiser Unterer Manzenweg, Falkenstein-Südaufstieg, Vils). Jetzt anfangs am Mühlbach, später an der breiten Vils entlang, bis wir nach 1 km die Vilsbrücke erreichen. Rechts wandern wir über den Fluss zum nahen **Bahnhof Pfronten-Steinach** (850 m) zurück.

17 Vom Breitenberg zum Aggenstein

Felshorn über Pfronten: Breitenbergbahn-Bergstation – Aggenstein – Bad Kissinger Hütte (Pfrontner Hütte) – Reichenbachklamm – Breitenbergbahn-Talstation

Südlich von Pfronten ragt ein ungleiches Bergpaar über dem Vilstal auf. Während der Breitenstein seinem Namen entsprechend breit und behäbig den Horizont verstellt, beeindruckt das benachbarte Felshorn des Aggenstein durch seine eleganten Linien und bietet dem erfahrenen Wanderer eine eindrucksvolle Bergtour.

anspr.

km 8 km

4 Std.

▶ **Tourencharakter:** Im Gipfelbereich des Aggensteins erfordert die Tour Trittsicherheit und Schwindelfreiheit.
▶ **Beste Jahreszeit:** Juni bis Oktober.
▶ **Ausgangs- und Endpunkt:** Die Bergstation bzw. die Talstation der Breitenbergbahn.
▶ **Markierung:** Wegweiser und Farbmarkierungen.
▶ **Verkehrsanbindung:** Die Talstation der Breitenbergbahn liegt östlich von Pfronten-Steinach an der B 309. Gegenüber der Talstation der Bahnhof Pfronten-Steinach, zusätzlich Busverbindungen nach Füssen, Pfronten und Tannheim.
▶ **Einkehr:** In der Bad Kissinger Hütte (Pfrontner Hütte).
▶ **Unterkunft:** In Pfronten; in der Bad Kissinger Hütte (ehemals Pfrontner Hütte), Tel. ++43/(0)676/3 73 11 66 (Hütte) und ++43/(0)5677/2 00 88 (Tal).
▶ **Tourist-Info:** Tourismus Pfronten, Tel. 08363/6 98 88. Info Breitenbergbahn, Tel. 08368/58 20.

Der Wegverlauf

An der **Bergstation der Breitenbergbahn** (1500 m) bieten sich zwei Möglichkeiten für den Weiterweg. Entweder wir überwinden noch 200 Hm mit dem **Hochalp-Sessellift** oder wir folgen dem Wanderweg geradewegs an der Hochalphütte vorbei, der nahe dem Sessellift aufwärts führt (Wegweiser Ostlerhütte, Aggenstein). In beiden Fällen erreichen wir den »Engerle« genannten Wiesenrücken (1680 m), der sich zwischen Breitenberg und Aggenstein spannt. Über ihn wandern wir links in südlicher Richtung abwärts auf das unnahbare Felshorn des Aggensteins zu (Wegweiser Aggenstein), das mit senkrechten Nordwänden abbricht. Noch ist es uns ein Rätsel, wie der Steig diese abweisende Felsflanke überlisten will.
Schnell ist der Fuß des Aggensteins erreicht. Ein Serpentinenweg schlängelt sich durch einen steilen Wiesenhang nach oben. Wir erreichen eine Hangkante, über die wir auf die Nordwestseite des Aggensteins wechseln. Felsrunsen durchziehen nun das Ge-

17

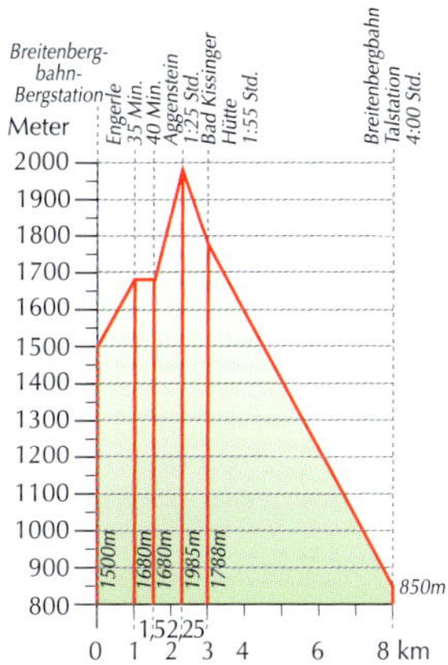

lände. Der schmale Weg verlangt Trittsicherheit und an einigen Stellen geben Drahtseile und Ketten zusätzlichen Halt. Über uns öffnet sich eine breite Rampe, der so genannte »Lange Strich«, der die steile Nordflanke des Aggensteins durchzieht. Ein breiter Weg schlängelt sich unterhalb steiler Kletterwände in angenehmen Serpentinen über die Schuttflanke aufwärts, bis wir am Grat in das wärmende Sonnenlicht hinaustreten. Wir queren kurz eine steile Grasflanke und erreichen eine Weggabelung. Links hinab wird uns der Abstieg zur Bad Kissinger Hütte führen. Zuvor klettern wir rechts durch die teils mit Ketten gesicherte Flanke zum Gipfelkreuz des **Aggensteins** (1985 m) hinauf. Grenzenlos scheint von hier die herbstlich klare Rundumsicht.

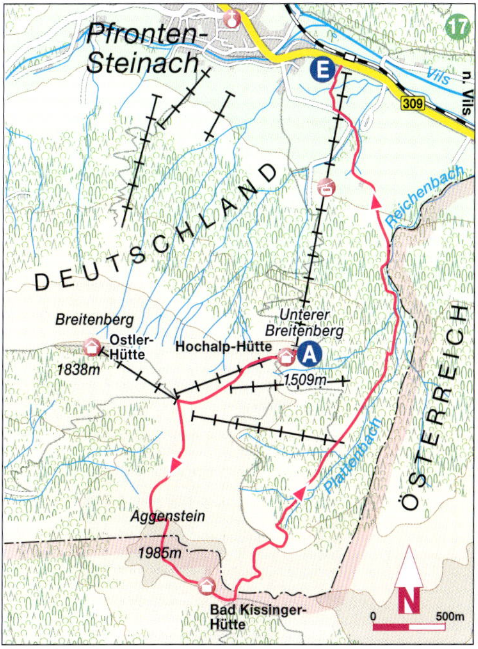

Vom Gipfel steigen wir wieder zur nahen Kreuzung hinab und folgen dem Weg abwärts (Wegweiser Pfrontner Hütte), der in Serpentinen durch die grasige Südflanke des Aggensteins hinabzieht. Bald wendet sich der Weg nach links und quert durch Grashänge abwärts. Unter uns taucht die **Bad Kissinger Hütte** (1788 m) auf, die sich über steilen Kalkfelsen auf dem

17

schmalen Felskamm festkrallt. Die aussichtsreiche Terrasse des ehemals **Pfrontner Hütte** genannten Berghauses lädt zu einer Rast ein, ehe wir vorbei an einem schönen Holzkreuz weiter am Grat entlang absteigen. Kurze Zeit später zweigt rechts der Weg nach Grän ab. Wir folgen hier jedoch geradeaus dem Kammweg (Wegweiser Breitenberg, Pfronten) und biegen nach ca. 100 m links in einen Steig ein (Wegweiser Breitenberg, Pfronten), der sich durch die schattige, felsige Nordflanke abwärtsschlängelt. Der Weg ist besser zu begehen, als sein Name »Böser Tritt« vermuten lässt. Am Fuß der felsigen Steilflanke zieht der Steig kurz nach links und läuft dann abwärts zu einer Wegkreuzung vor der **Grenzerhütte**.

Links gelangt man zurück zur Bergstation der Breitenbergbahn. Wir halten uns aber rechts (Wegweiser Reichenbachklamm, Pfronten) und folgen dem schmalen Weglein, das uns durch Wald und zwischen Steinblöcken hindurch abwärts führt. Wir treffen in der Talmulde des Plattenbachs auf die Schneise einer Skipiste, über die unser Weg zur Talstation eines Lifts hinabführt. Wir wechseln geradewegs auf einen Wirtschaftsweg, der uns schnell in den Wald leitet. Steil und steinig führt er zur Bergstation einer Materialseilbahn hinunter.

Durch die steile Südflanke des Aggenstein läuft der Abstieg zur Bad Kissinger Hütte.

17

Ein mächtiges Holzkreuz thront auf dem Gipfel des Aggensteins.

An dieser Stelle beginnen zwei schmale Wanderwege, wobei der linke der einfachere, der rechte jedoch der landschaftlich eindrucksvollere ist. Wir nehmen rechts den schmalen Steig (Wegweiser Reichenbachklamm, Pfronten), der uns in Serpentinen durch den Wald zum Rand der **Reichenbachklamm** hinableitet. Gut gesichert mit Geländer und Drahtseilen queren wir über der Schlucht nach links und ein Brückchen hilft uns über einen schmalen Bergkamm. Immer wieder öffnen sich vom Weg, der in Serpentinen nach und nach in den Talgrund absteigt, eindrucksvolle Blicke in den oberen, wildesten Teil der Klamm.

Wir folgen jetzt dem Bach, der in kleinen Wasserfällen über die Feldblöcke rauscht, um sich dann wieder in einladend grünen Gumpen zu sammeln. Bald kommt von links der Steig herein, der oben an der Materialseilbahn links abzweigt. Das Tal weitet sich nach und nach und wir wechseln geradeaus auf einen Fahrweg. An der Gabelung vor der Talstation der Materialseilbahn nehmen wir das linke Sträßchen (Wegweiser Breitenbergbahn, Steinach) und biegen nach wenigen Metern links auf einen Wiesenpfad ein. Wir wandern geradewegs auf weicher, grüner Spur über die Weide zu einem Feldweg, dem wir nach links folgen. Dann auf dem Hauptweg bleiben und nach einem kleinen Wäldchen an der Kreuzung links über die Brücke gehen (Wegweiser Breitenbergbahn, Steinach). Jetzt geradewegs auf der schmalen Teerstraße unter der Seilbahn hindurch und wenige Meter weiter auf einem Feldweg nach rechts (Wegweiser Breitenbergbahn). Ein Wiesenpfad bringt uns zur nahen **Talstation der Breitenbergbahn** (850 m) in Pfronten-Steinach.

18 Alpspitz und Edelsberg

Sanfte Wanderberge mit großer Aussicht: Alpspitzbahnen – Alpspitz – Edelsberg – Kappeler Alp – Maria Trost – Alpspitzbahnen

Südlich über Nesselwang ragen die bewaldeten Flanken der Alpspitz auf, über die wir mit Hilfe einer Sesselbahn bis fast ganz oben hinaufschweben. Ohne große Mühen erreichen wir von dort die aussichtsreichen Gipfel von Alpspitz und Edelsberg, ehe wir am Abstiegsweg einen Blick in die barocke Wallfahrtskirche Maria Trost werfen können.

leicht

7 km

3 Std.

ja

▶ **Tourencharakter:** Eine einfache Wanderung ohne lange Anstiege, die herrliche Ausblicke bietet. Wem der Abstieg zu anstrengend ist, kann nach der Gipfelrundtour wieder mit den Alpspitzbahnen ins Tal zurückkehren.
▶ **Beste Jahreszeit:** Vom späten Frühjahr bis in den Herbst.
▶ **Ausgangs- und Endpunkt:** Die Berg- bzw. Talstation der Alpspitzbahnen.
▶ **Markierung:** Wegweiser und Farbmarkierungen.
▶ **Verkehrsanbindung:** Auf der B 309 durch Nesselwang und gegenüber der Kirche auf der beschilderten Zufahrtsstraße aufwärts zum südlich über dem Ort gelegenen Parkplatz nahe der Talstation der Alpspitzbahnen. In Nesselwang auch Bahnstation und gute Busverbindungen.
▶ **Einkehr:** An der Bergstation der Alpspitzbahnen, im Sportheim Böck, in der Kappeler Alp und am Ausgangspunkt.
▶ **Unterkunft:** In und um Nesselwang.
▶ **Tourist-Info:** Tourist-Information Nesselwang, Tel. 08361/92 30 40. Info Alpspitzbahnen, Tel. 08361/771.

Der Wegverlauf

Von der **Bergstation der Alpspitzbahnen** (1460 m) gehen wir wenige Schritte abwärts zur Kreuzung neben der kleinen Imbiss-Station und folgen dem breiten Weg nach rechts (Wegweiser Alpspitz, Edelsberg). Es geht über Alpwiesen aufwärts bis kurz vor den breiten Wiesensattel, der Alpspitz und Edelsberg verbindet. Hier rechts auf einen schmalen Weg (Wegweiser Alpspitz) und nach wenigen Metern rechts aufwärts durch Wiesen. Bald auf steinigem Steig zum nahen Gipfelkamm und links zum Gipfelkreuz auf der aussichtsreichen **Alpspitz** (1575 m).

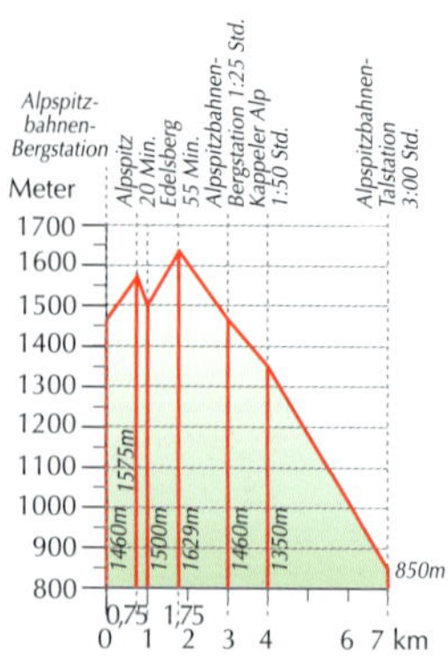

Nun entweder auf demselben Weg zurück zum Abzweig vom Hauptweg oder wenige Meter nach dem Gipfelkreuz links auf einem schmalen, steinigen Steig steil abwärts zu Bergwiesen, über

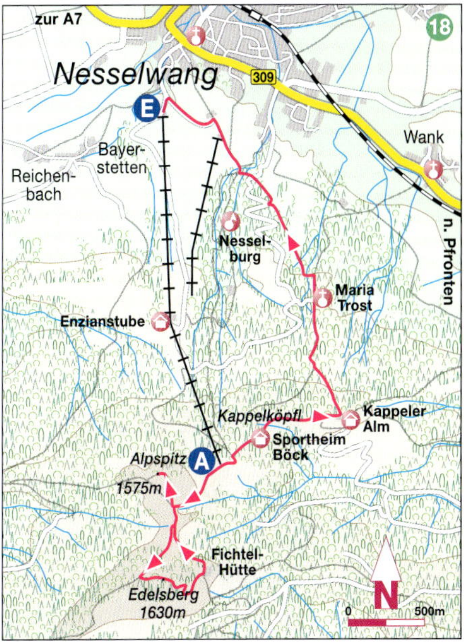

die wir links zum Hauptweg zurückkehren. Dort nach rechts bis zu einer nahen Wegkreuzung vor dem Edelsberg. Wir biegen rechts auf einen schmalen Steig (Wegweiser Edelsberg, Jungholz), der uns durch den teils bewaldeten Hang zu einer Wegkreuzung führt. Dann nehmen wir den linken Weg (Wegweiser Edelsberg, Fichtelhütte), der uns zum Gipfel des **Edelsbergs** (1629 m) leitet. Eine Schautafel erklärt hier das umfassende Gipfelpanorama, das von der Zugspitze im Osten bis zum Hohen Ifen im Westen reicht.

Vom Gipfel folgen wir auf schmaler, gelb markierter Wegspur dem anfangs bewaldeten Ostrücken des Edelsbergs links hinab (Wegweiser Fichtelhütte, Gundhütte). Bald erreichen wir herrlich aussichtsreiche Bergwiesen, durch die sich der jetzt deutliche Weg abwärts schlängelt, bis er uns links zur nahen **Fichtelhütte** führt. Dort auf dem breiten Weg nach links (Wegweiser Nesselwang, Sportheim Böck) zurück zur Kreuzung vor dem Edelsberg, auf dem bekannten Weg abwärts und vorbei an der **Bergstation der Alpspitzbahnen** (Wegweiser Nesselwang, Maria Trost) zum nahen **Sportheim Böck**. Kurz auf der Zufahrts-

Wallfahrtskirche Maria Trost

Mitte des 17. Jh. unternahm der Salzburger Freiherr von Grimming mit einem verehrten Marienbild im Gepäck eine Wallfahrt nach Maria Einsiedeln in der Schweiz. Auf dem Rückweg war er von der Gegend bei Nesselwang so angetan, dass er sich hoch über dem Ort in einer Einsiedelei niederließ. Sie wurde bald zum Ziel einer beliebten Wallfahrt.

Ab 1660 entstanden rund um das Gnadenbild, das anfangs in einer Holzkapelle aufgestellt war, die barocke Kirche und das Klausnerhaus. Das Gotteshaus ist mit einem großen Deckenfresko aus dem 18. Jh., barocken Altären und zahlreichen Votivbildern geschmückt. Am Weg nach Nesselwang findet man die Stationen eines 1842 erbauten Kreuzweges.

straße nach links und dann rechts in eine breite Forststraße (Wegweiser Kappeler Alp, Maria Trost). Auf ihr abwärts, bis wir vor einem kleinen Steinbruch rechts auf einen angenehmen Alpweg einbiegen können (Wegweiser Kappeler Alp, Maria Trost), der uns zur herrlich gelegenen **Kappeler Alp** (1350 m) bringt.

Wenige Meter nach der Alphütte finden wir links einen schmalen Steig (Wegweiser Maria Trost, Nesselwang), der sich durch den bewaldeten Berghang teils steil nach unten schlängelt. Der steinige und wurzelige Weg führt uns über zahlreiche Stufen abwärts zur Wallfahrtskirche **Maria Trost** (1122 m), an der zahlreiche Bänke zu einer verdienten Rast einladen. Direkt gegenüber der Eingangstür zur barocken Kirche finden wir die Fortsetzung unseres Weges (Wegweiser Nesselwang, Wank), halten uns nach kurzer Strecke links (ab hier Wegweiser Alpspitzbahn-Parkplatz, Nesselwang) und wandern an Kreuzwegstationen vorbei auf dem Wallfahrerweg bergab. Zweimal werden Forststraßen überquert. Unterhalb der zweiten wendet sich der Weg bald nach links in ein nahes Bachtal. Nach einem Holzsteg halten wir uns rechts und gehen nach kurzer Strecke auf der **»Wasserfallbrücke«** (930 m) rechts über den breiten Bach. Nun geradeaus auf angenehmem, bald von Alleebäumen beschattetem Weg über die Wiesen bis zur Teerstraße, die uns links zum Parkplatz an der **Talstation der Alpspitzbahnen** (850) zurückbringt.

Von der Alpspitz geht der Blick über die bewaldeten Berge am Alpenrand nach Westen.

Von Schattwald zum Ponten

19

Sanfte Täler, steiler Gipfel: Schattwald – Pontental – Zirleseck – Ponten – Mittlere Stuibenalpe – Schattwald

Südlich über Schattwald ragt ein Höhenzug auf, der die nördlichsten Gipfel des Allgäuer Hauptkammes trägt. Unser Ziel ist der Ponten, der höchste und markanteste dieser Berge. Zwei hübsche Täler öffnen den Zugang zum Bergkamm und erlauben eine Überschreitung des Ponten, von dessen Gipfelkreuz sich eindrucksvolle Fern- und Tiefblicke ergeben.

▶ **Tourencharakter:** Die Überschreitung des Ponten bietet weite Ausblicke. Nur am Gipfel führt der Steig durch steileres Gelände; der An- und Abstieg verläuft auf schmalen Bergpfaden durch zwei harmlose Täler. Bei etwas Vorsicht im steil abfallenden, felsdurchsetzten Gipfelbereich ist die Tour auch für größere Kinder geeignet. Im Anschluss an den Ponten kann zusätzlich der Bschießer überschritten werden.
▶ **Beste Jahreszeit:** Juni bis Oktober.
▶ **Ausgangs- und Endpunkt:** Der große Parkplatz des Wannenjochliftes am Ortsrand von Schattwald.
▶ **Markierung:** Wegweiser und Farbmarkierungen.
▶ **Verkehrsanbindung:** Mit dem Auto auf der B 199 (auf deutscher Seite B 308) von Oberjoch bzw. von Tannheim nach Schattwald und vom westlichen Ortsende auf der beschilderten Zufahrtsstraße hinauf zum großen Parkplatz am Wannenjochlift. In Schattwald Haltestelle an der Buslinie von Oberstdorf über Hindelang und Tannheim nach Reutte.
▶ **Einkehr:** An der Mittleren Stuibenalpe.
▶ **Unterkunft:** In Schattwald und den Nachbarorten im Tannheimer Tal.
▶ **Tourist-Info:** Tourismusbüro Schattwald, Tel. ++43/(0)5675/43 61.

mittel
km 9 km
4 3/4 Std.
ja

Der Wegverlauf

Am linken Ende des Parkplatzes beim **Wannenjochlift in Schattwald** (1090 m) beginnt ein Weg, der uns über den Stuibenbach zu einer nahen Wegkreuzung bringt. Wir wechseln geradewegs auf eine schmale Teerstraße (Wegweiser Pontental, Zirleseck), der wir aufwärts bis zu einer scharfen Rechtskurve folgen. Hier geradeaus auf einen schmalen, erdigen Pfad (Wegweiser Pontental, Zirleseck), der sich zwischen Himbeersträuchern nach oben schlängelt. Auf einer Wiese stoßen wir auf einen breiteren Weg, dem wir nach links folgen. Er verengt sich bald wieder zu einem schmalen Steig, der uns durch Wald zum Teil steil aufwärts leitet. Wir überqueren bald eine Forststraße und folgen der Wegspur, die wieder auf das Schottersträßchen stößt. Kurz nach links und in einer Rechtskurve wieder geradeaus auf einer Wegspur durch

19

die Wiesen, bis sie an der Schotterpiste endet. Auf ihr links aufwärts durch eine breite Waldschneise, bis rechts der Steig in das Pontental abgeht (Wegweiser Ponten, Zirleseck).
Anfangs durch Wald aufwärts, an einer Wegkreuzung gerade durch (Wegweiser Zirleseck) und bald zwischen Latschen und, im Hochsommer, blühendem Almrausch in den Karkessel des Pontentales hinauf, über dem das Gipfelkreuz des Ponten von steil abfallenden Felsen herab grüßt. Nach einem kurzen Flachstück quert der Steig, der sich an mehreren Runsen zu einer schmalen Spur verengt, links durch eine Schotterflanke aufwärts. Über Bergmatten geht es anschließend im Zickzack links haltend zum Bergkamm hinauf, der die Rohnenspitze mit dem Ponten verbindet. Eine kleine Hütte mit herrlicher Aussichtsbank lockt wenige Meter weiter links zu einer Rast.
Wir folgen von hier jedoch dem aussichtsreichen Weg über den Bergkamm nach rechts (Wegweiser Ponten, Bschießer), der uns über das nahe, wenig ausgeprägte **Zirleseck** (1872 m) ohne Mühe in sanftem Auf und Ab an die Gipfelflanke des Ponten heranführt. Die links zum Gaishorn und zur Willersalpe abzweigenden Wege bleiben unbeachtet. Bald steigt der Weg durch die Südflanke des Ponten zu einer Wegkreuzung hinauf. Wir folgen dem rechts abzweigenden Steig (Wegweiser Ponten), auf dem wir uns durch die steile Flanke im Zickzack bergauf mühen. Wir treffen auf den Weg, über den unser Abstieg verlaufen wird, und erreichen auf ihm rechts nach kurzer Zeit den höchsten Punkt des **Ponten** (2044 m). Das Gipfelkreuz steht auf einem wenige Meter niedrigeren, steil abfallenden Felskopf, zu dem wir über einen kurzen Verbindungsgrat gelangen. Atemberaubende Tiefblicke und eine herrliche Rundumsicht lassen uns hier lange verweilen, ehe wir wieder zum höchsten Punkt hin-

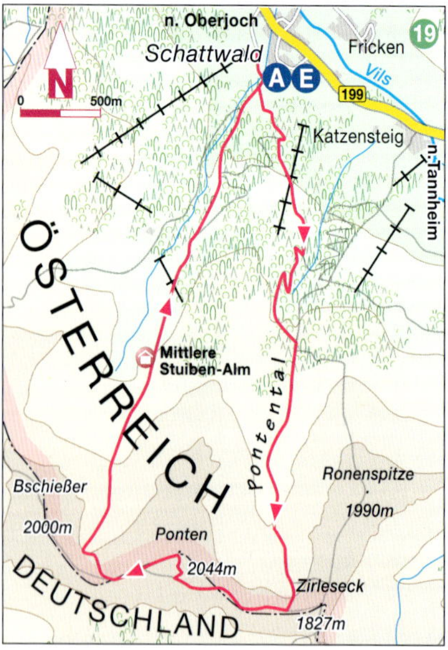

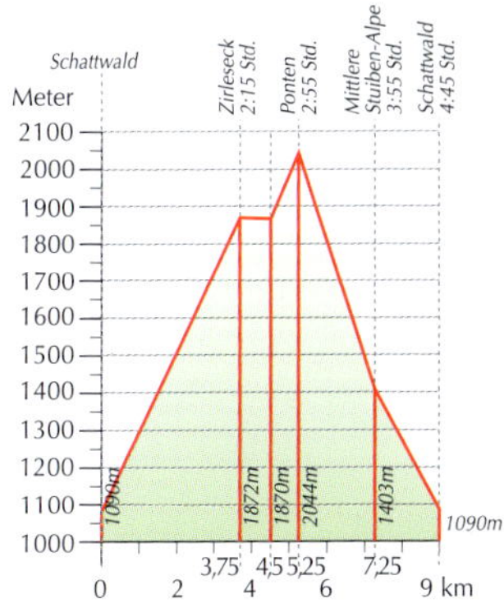

aufsteigen. Wir folgen jetzt dem steinigen Weg, der uns über den Westrücken zum Grat hinabführt, der den Ponten mit dem Bschießer verbindet. Wer noch einen weiteren Gipfel besteigen möchte, der folgt dem Grat und steigt dann durch die steile Ostflanke zum nahen Gipfel des **Bschießer** (2000 m) hinauf. Jenseits geht es anschließend abwärts in den tief eingeschnittenen Sattel vor dem Kühgundkopf, von dem rechts ein Weg durch das Stuibental zurück nach Schattwald hinabläuft. Wir folgen jedoch schon am Beginn des Verbindungsgrates dem Steig, der sich rechts abwärts schlängelt (Wegweiser Schattwald, Weg 74). Nach einer ersten Steilstufe auf dem steinigen Weg ein kurzes Stück fast eben durch den Karboden und dann wieder etwas steiler abwärts zur bewirtschafteten **Mittleren Stuibenalpe** (1403 m), an der wir eine verdiente Rast einlegen. Von dort folgen wir der geteerten Alpstraße abwärts, bis wir nach einem Flachstück eine Wegkreuzung erreichen. Hier noch ca. 50 m auf der Teerstraße weiter, bis wir links auf einen schmalen Weg wechseln können. Er führt am Rande der Schotterflanken, die zum nahen Stuibenbach abbrechen, talwärts. Wer den Abzweig verpasst, kann etwas unterhalb an einer Rechtskehre vom Teersträßchen auf den nahen Wanderweg überwechseln. Dort auf dem Steig durch den Wald und zum Schluss auf breitem Schotterweg geradewegs abwärts zur Wegkreuzung, an der am Morgen der Aufstieg auf der Teerstraße begonnen hat. Links (Wegweiser Talstation) zurück zum nahen Parkplatz am Rande von **Schattwald** (1090 m).

Nahe dem Zirleseck erreicht man den Bergkamm, der die Rohnenspitze mit dem Ponten verbindet.

20 Von Zöblen auf den Schönkahlen

Stille Familientour mit Aussicht: Zöblen – Oberhalde – Pirschling – Schönkahler – Oberhalde – Zöblen

Der sanft gerundete Schönkahlen, über dessen Gipfel die Grenze zwischen Deutschland und Österreich läuft, steht im Schatten der nahen Gipfel der Allgäuer Hochalpen und der Tannheimer Berge. Von Süden führt jedoch ein herrlicher Anstieg über weiche Bergmatten und bietet gerade Familien eine unvergessliche Gipfeltour.

leicht

8 km

3½ Std.

ja

▶ **Tourencharakter:** Aussichtsreiche Bergwanderung, die problemlos mit Kindern unternommen werden kann. Bei Aufbruch in Zöblen verlängert sich die Tour um 200 Hm bzw. um ca. 1 Std. Gehzeit.
▶ **Beste Jahreszeit:** Mai bis Spätherbst.
▶ **Ausgangs- und Endpunkt:** Der Gasthof Zugspitzblick nördlich oberhalb von Zöblen.
▶ **Markierung:** Wegweiser und Farbmarkierungen.
▶ **Verkehrsanbindung:** Zöblen liegt im westlichen Tannheimer Tal. Am westlichen Dorfrand beginnt die ausgeschilderte Zufahrtsstraße zum Gasthof Zugspitzblick (siehe Wegverlauf), dort begrenzte Parkmöglichkeit. In Zöblen Haltestelle an der Buslinie von Oberstdorf über Hindelang und Tannheim nach Reutte.
▶ **Einkehr:** Im Gasthof Zugspitzblick.
▶ **Unterkunft:** In Zöblen und den Nachbarorten im Tannheimer Tal oder im Gasthof Zugspitzblick, Tel. ++43/(0)5675/67690.
▶ **Tourist-Info:** Tourismusbüro Zöblen, Tel. ++43/(0)5675/6648.

Der Wegverlauf

Am westlichen Dorfrand von **Zöblen** (1087 m) zweigt von der B 199 eine schmale Straße ab (Wegweiser Gasthof Zugspitzblick), die aufwärts aus dem Ort führt. Das Sträßchen leitet uns links über den Steinbach in den freien, aussichtsreichen Wiesenhang. Nach den ersten beiden Straßenkehren erreichen wir die kleine Kapelle und die holzbraunen Höfe von Unterhalde. Einige weitere Kehren bringen uns anschließend durch den freien Wiesenhang hinauf zum **Gasthof Zugspitzblick** (1280 m).

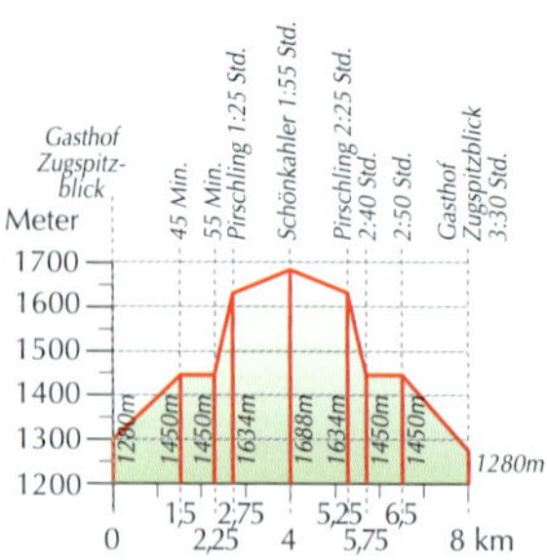

Am Parkplatz setzt eine Forststraße an, die sanft durch die Wiesen ansteigt. Nach 100 m halten wir uns an der Weggabelung rechts (Wegweiser Schönkahler, Schattwald, Einstein, Weg 82). Nach wenigen Minuten erreichen wir eine Kreuzung, von der wir links aufwärts wandern (Wegweiser Schönkahler, Schattwald, Einstein, Tannheim). Am Rand einer Alpweide treffen wir

20

auf eine weitere Forstwegkreuzung. Wir gehen geradeaus (Wegweiser Schönkahler, Schattwald, Weg 82) und halten uns nach 100 m an der nächsten Kreuzung rechts (Wegweiser Schönkahler, Weg 82). Die Straße führt uns kurz aufwärts und quert dann fast eben nach Westen. Bald sehen wir nach Schattwald hinab und finden rechts eine Wegspur (Wegweiser Schönkahler), die durch den Hang aufwärts führt. Der rot markierte Pfad schwenkt am Rand der Hochfläche nach rechts und leitet uns durch ein schütter bewaldetes Hochmoor, das die sanften Bergkuppen überzieht. Über die feuchtesten Stellen helfen uns einige Holzstege und am höchsten Punkt schlüpfen wir neben einem Baum durch einen Zaun (Wegweiser Schönkahler).

Kurze Zeit später liegt vor uns eine sumpfige Talmulde, in die wir kurz absteigen. Gegenüber ist der Weg schon deutlich auszumachen, der durch den Wiesenhang des Pirschlings bergan zieht. Der Pfad ist teilweise mit roten Pflöcken markiert und bald haben wir den einzig steileren Anstieg des heutigen Tages hinter uns gebracht. Auf dem **Pirschling** (1634 m) öffnet sich der Blick in alle Richtungen. Vorbei am silbergrauen Gerippe eines abgestorbenen Waldes folgen wir am rechten Rand der Gipfelfläche dem Weg. Zum ersten Mal sehen wir unser Ziel vor uns, die behäbig breite Kuppe des Schönkahlen, von dem wir durch einen weiten Wiesensattel getrennt sind. Wir steigen kurz ab und wandern über die Weideflächen des **Sattels** geradewegs nach Norden. Ein harmloser Anstieg über weiche Bergmatten bringt uns schließlich zum Kreuz auf dem aussichtsreichen Gipfel des **Schönkahlen** (1688 m) hinauf. Nach der Gipfelrast kehren wir auf dem bekannten Weg zurück zum **Gasthof Zugspitzblick** und nach **Zöblen.**

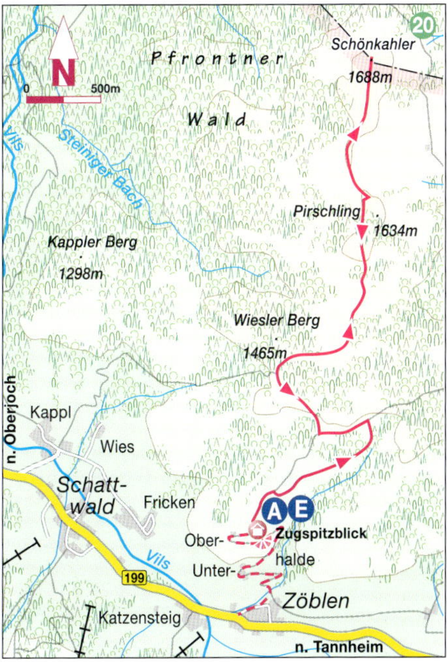

21 Vom Vilsalpsee zum Gaishorn

Imposanter Bergklotz über dem Vilsalpsee: Vilsalpsee – Vilsalpe – Gaishorn – Obere Roßalpe – Vilsalpsee

Das Hochtal, in dem der Vilsalpsee liegt, wird allseits von imposanten Berggestalten eingerahmt. Über das Gaishorn, den höchsten und wuchtigsten dieser Gipfel, führt eine anspruchsvolle Überschreitung, die unsere Mühen sowohl mit weiten Ausblikken als auch mit herrlichen Tiefblicken belohnt.

anspr.

10 km

5½ Std.

▶ **Tourencharakter:** Für die Tour auf den höchsten Gipfel über dem Vilsalpsee braucht man Trittsicherheit und Kondition. Vor allem der Abstiegsweg verlangt im Gipfelbereich sicheres Gehen und guten Orientierungssinn und sollte nur bei guter Sicht begangen werden. Das Gaishorn bietet eine herrliche Rundumsicht.
▶ **Beste Jahreszeit:** Von Mitte Juni bis Oktober.
▶ **Ausgangs- und Endpunkt:** Der Parkplatz am Vilsalpsee.
▶ **Markierung:** Wegweiser und Farbmarkierung.
▶ **Verkehrsanbindung:** Auf der B 199 durch das Tannheimer Tal nach Tannheim und dort der Beschilderung folgend auf der Zufahrtsstraße (gesperrt 10–17 Uhr) zum Vilsalpsee (dort gebührenpflichtige Parkplätze, Höchstparkdauer ein Tag). Zum Vilsalpsee Busverbindung von Tannheim.
▶ **Einkehr:** In der Vilsalpe und am Vilsalpsee.
▶ **Unterkunft:** In Tannheim und den Nachbarorten im Tannheimer Tal.
▶ **Tourist-Info:** Tourismusbüro Tannheim, Tel. ++43/(0)5675/62 200.

Der Wegverlauf

Wir gehen zum herrlich gelegenen **Vilsalpsee** (1165 m) und folgen dem Weg, der uns am rechten Ufer entlang führt. Am Ende des Sees hilft uns ein Brückchen über einen Bachlauf und wir wandern anschließend geradewegs zur nahen **Vilsalpe**. Unmittelbar nach der Alpe wechseln wir rechts auf einen schmalen, rot markierten Steig (Wegweiser Jubiläumsweg, Rauhhorn, Gaishorn), der durch den Hang rechts aufwärts quert. Nach einer Bachquerung leitet er uns anstrengend und nahezu schattenlos über Bergwiesen aufwärts, bis uns die Spuren links über den Bach zu einem Grünerlengürtel leiten. Auf dem teils felsigen, teils feuchten Steig gewinnen wir schnell an Höhe und erreichen eine Weggabelung am Rande des Hochkars, das von Rauhhorn und Gaishorn überragt wird. Entweder auf dem rechten Weg steil aufwärts oder etwas weiter, aber angenehmer nach links in das Blockkar und dort dem Jubiläumsweg folgend nach rechts. Beide

Wege laufen unterhalb des Bergkammes nahe einem markanten Felskopf wieder zusammen. Hier auf dem Jubiläumsweg aufwärts (Wegweiser Rauhhorn, Gaishorn, Willersalpe) bis kurz vor den Bergsattel der »**Vorderen Schafwanne**«. Wir wechseln rechts auf den steinigen Gipfelanstieg zum Gaishorn (Wegweiser Gaishorn). Anfangs in der steil abfallenden Südflanke und dann auf dem breiten Westrücken überwinden wir die letzten 200 Hm, ehe wir vom Gipfelkreuz auf dem **Gaishorn** (2247 m) eine herrliche Rundumsicht von der Zugspitze über die Zentralalpen bis zu den Schweizer Alpen genießen können.

Vom Gipfel folgen wir dem Westrücken wieder abwärts. Der im Folgenden beschriebene Abstieg verlangt Orientierungssinn, Trittsicherheit und gute Sicht. Wer sich nicht ganz sicher ist, sollte auf dem Aufstiegsweg wieder zum Vilsalpsee absteigen. Wir lassen jedoch nach kurzer Strecke unseren Aufstiegsweg links und folgen weiter dem Weg auf dem Bergkamm.

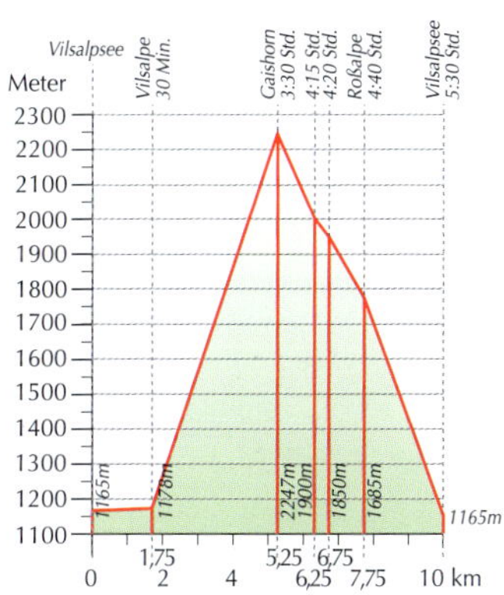

Bei nächster Gelegenheit zweigen wir rechts auf einen schmalen Steig ab, der durch die steile Nordflanke des Gaishorns bergab läuft. Anfangs über unangenehme Felsplatten und rut-

21

schigen Schutt abwärts zu einem Felsturm. Kurz rechts hoch und dann in einer Felsrinne absteigen, bis der Weg nach rechts zu einem abfallenden Rücken leitet. Auf ihm ein Stück abwärts, ehe wir auf besserem Steig links die Felsrinne queren. Nun in Serpentinen anfangs links und dann rechts der Rinne abwärts. Bald wendet sich der deutliche Weg nach rechts und führt uns zu einem sanften Rücken, über den wir nach Norden wandern.

Bevor sich der Kamm zum wenig ausgeprägten Gipfel des Schnurschrofens aufschwingt, erreichen wir auf den Alpweiden eine Wegkreuzung. Wir gehen geradeaus kurz sanft abwärts (Wegweiser Untere und Obere Roßalpe, Vilsalpsee, Tannheim) und steigen dann auf felsigem Steig durch Latschen zu einer Weggabelung in einem Sattel ab.

Westlich über dem Vilsalpsee ragen das finstere Rauhhorn und die markante Bergspitze des Gaishorns auf.

Hier geradeaus auf die weniger ausgeprägte Wegspur (Wegweiser Obere Roßalpe, Vilsalpsee), rechts an einer niedrigen Kuppe vorbei und dann abwärts zur **Oberen Roßalpe** (1685 m).

Unterhalb der Alpe in zahlreichen Kehren teils steil abwärts und anschließend nach rechts über einen verbauten Wildbach.

Dort an der rechten Seite des Tobels angenehmer bergab und nach einigen Kehren sanft abwärts zum **Vilsalpsee** (1165 m), dessen Ufer wir nahe des Ausgangspunktes erreichen.

Zum Bärgacht-Wasserfall

22

Sanftes Tal zwischen wilden Bergen: Vilsalpsee – Vilsalpe – Bärgacht-Wasserfall – Vilsalpe – Vilsalpsee

Von Tannheim zwängt sich das Tal, in dem die Vils entspringt, zwischen die mächtigen Felsberge der östlichen Allgäuer Alpen. Den landschaftlichen Höhepunkt bildet hier der 1,4 km lange Vilsalpsee, an dessen Ufern sich zahllose Ausflügler tummeln. Wandert man jedoch weiter in den wilden Talschluss, über dessen Steilwände der herrliche Bärgacht-Wasserfall rauscht, wird man nur noch wenigen Menschen begegnen.

leicht

6,5 km

1¾ Std.

ja

▶ **Tourencharakter:** Eine einfache Wanderung auf breiten Wander- und Wirtschaftswegen. Nur der Rückweg vom Bärgacht-Wasserfall führt anfangs über einen schmalen Steig. Der Talschluss am Bärgacht-Wasserfall ist ein herrlicher Abenteuerspielplatz für Kinder. Im späten Frühjahr während der Schneeschmelze ist der Wasserfall besonders eindrucksvoll.
▶ **Beste Jahreszeit:** Vom Frühjahr bis in den Spätherbst.
▶ **Ausgangs- und Endpunkt:** Der Parkplatz am Nordende des Vilsalpsees.
▶ **Markierung:** Wegweiser und Farbmarkierung.
▶ **Verkehrsanbindung:** Auf der B 199 durch das Tannheimer Tal nach Tannheim und dort der Beschilderung folgend auf der Zufahrtsstraße (gesperrt 10–17 Uhr) zum Vilsalpsee (dort gebührenpflichtige Parkplätze, Höchstparkdauer ein Tag). Zum Vilsalpsee Busverbindung von Tannheim.
▶ **Einkehr:** In der Vilsalpe und am Gaisalpsee.
▶ **Unterkunft:** In Tannheim und den Nachbarorten im Tannheimer Tal.
▶ **Tourist-Info:** Tourismusbüro Tannheim, Tel. ++43/(0)5675/62 200.

Der Wegverlauf

Vom Parkplatz am **Vilsalpsee** (1165 m) gehen wir zum Seeufer und folgen der Wirtschaftsstraße nach links (Wegweiser Landsberger Hütte), die am östlichen Seeufer entlangführt. Im Morgenlicht erstrahlen die Gipfel im Süden und Westen des Sees und spiegeln sich auf der Wasserfläche. Wir wandern immer am See entlang, passieren bald die Talstation der Materialseilbahn, die die Landsberger Hütte versorgt, und wenig später das kleine Kraftwerk, das vom höher gelegenen Traualpsee gespeist wird. Die Schotterstraße führt uns dann am steilen Südufer entlang und schwenkt über die malerischen Wiesen der Vilsalpe zu einer

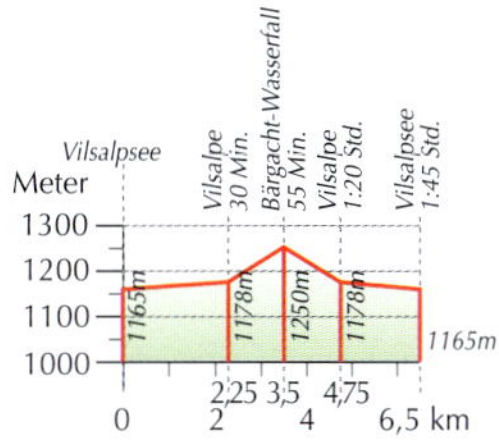

An einem stillen Herbstmorgen spiegeln sich im Vilsalpsee die mit Raureif überzogenen Alpweiden.

Wegkreuzung. Wir halten uns links und erreichen kurz darauf die bewirtschaftete **Vilsalpe** (1178 m).

Wir gehen geradewegs an der Alpe vorbei zu einer Weggabelung und folgen dem breiten Weg nach links (Wegweiser Rundweg) zum Wald. Wir ignorieren die zwei rechts abzweigenden Wege und wandern geradewegs am linken Talrand aufwärts. Der Weg wird nun nach und nach schmaler und steiniger und leitet uns durch den Wald zum großen Schotterfeld am Fuß der Roten Spitze. Sanft abwärts geht es zum nahen Geröllbett der Vils (1250 m), dem wir kurz bergan folgen, bis es nach links knickt und direkt auf den herrlichen **Bärgacht-Wasserfall** zuläuft. Wer Zeit und Lust hat, der kann dem

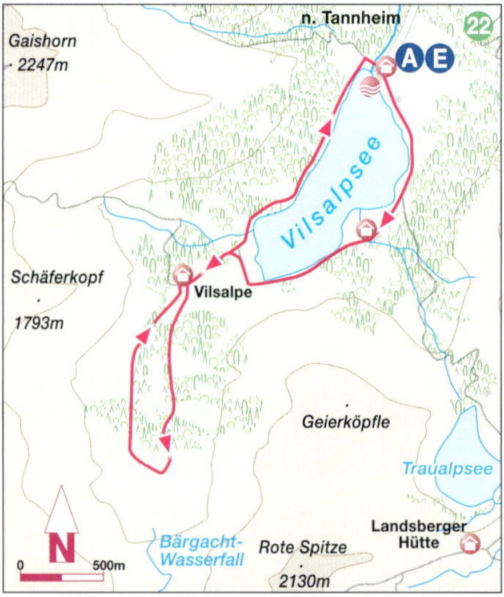

22

Bachbett bergauf bis zum Fuß des Wasserfalls folgen, der nahezu 300 m über die Felswand herabstürzt.
Der Weiterweg verlässt jedoch am Bachknick das Schuttbett der Vils. Wir folgen hier geradewegs den Steigspuren, die uns über eine Schotterzunge ein kurzes Stück aufwärts zu einigen Felsblöcken führen. Dort finden wir die ersten gelben Markierungen, die uns am nächsten Wegstück leiten werden. Der schmale Steig windet sich zwischen Felsblöcken und Latschen hindurch und bringt uns anschließend über eine steinige Bergwiese abwärts ins Tal. Der deutliche Steig hält sich nun immer an der linken Seite des breiten Talbodens, bis er am Waldrand in einen breiten Weg übergeht. Er führt uns durch den herrlichen Wald, dessen Boden mit Moos bewachsenen Felsen bedeckt ist. Am Rand der Vilsalpe knickt er nach rechts und leitet uns zu unserem Anstiegsweg, auf dem wir links die nahe **Vilsalpe** (1178 m) erreichen. Wir gehen an der Alpe vorbei und an der folgenden Kreuzung geradeaus. Eine Brücke führt uns über einen Bach, der vom Gaishorn herabfließt, ehe wir auf dem angenehmen Westuferweg zurück zum Parkplatz an der Nordspitze des **Vilsalpsees** (1165 m) wandern.

Südlich des Vilsalpsees endet das beschauliche Tal in einem felsigen Amphitheater.

23 Zur Lachenspitze

Bergseen und Felsgipfel: Vilsalpsee – Traualpsee – Landsberger Hütte – Steinkarscharte – Lachenspitze – Landsberger Hütte – Vilsalpsee

Im Süden des Vilsalpsees ragt die mächtige Felsgestalt der Lachenspitze mit ihren dunklen Nordwänden über einem steil abfallenden Hochtal auf. Dort verbergen sich die Wasserflächen von Traualpsee und Lache, an denen unser Weg vorbei führt, ehe wir von der Landsberger Hütte aus den mächtigen Dolomitklotz der Lachenspitze ohne große Schwierigkeiten erobern können.

mittel

10,5 km

5 Std.

▶ **Tourencharakter:** Auf steinigen Steigen zum Teil steil zur Landsberger Hütte. Die letzte Felsstufe vor der Landsberger Hütte ist trotz gut ausgebautem Weg zusätzlich mit Eisenketten gesichert. Der Anstieg zur Lachenspitze ist lediglich auf dem letzten Abschnitt unter dem Gipfel steil und mühsam. Der Abstieg nach Nordosten zum Lachenjoch führt durch steiles Felsgelände und verlangt absolute Trittsicherheit. Normalbergsteiger wandern auf dem Aufstiegsweg wieder zur Landsberger Hütte hinab.
Die Lachenspitze bietet herrliche Nah- und Fernblicke.
▶ **Beste Jahreszeit:** Von Juni bis Oktober.
▶ **Ausgangs- und Endpunkt:** Der Parkplatz am Vilsalpsee.
▶ **Markierung:** Wegweiser und Farbmarkierung.
▶ **Verkehrsanbindung:** Auf der B 199 durch das Tannheimer Tal nach Tannheim und dort der Beschilderung folgend auf der Zufahrtsstraße (gesperrt 10–17 Uhr) zum Vilsalpsee (dort gebührenpflichtige Parkplätze, Höchstparkdauer ein Tag). Zum Vilsalpsee Busverbindung von Tannheim.
▶ **Einkehr:** In der Traualpe, der Landsberger Hütte und am Vilsalpsee.
▶ **Unterkunft:** In Tannheim und den Nachbarorten im Tannheimer Tal; in der Landsberger Hütte, Tel. ++43/(0)5675/62 82.
▶ **Tourist-Info:** Tourismusbüro Tannheim, Tel. ++43/(0)5675/62 200.

Der Wegverlauf

Vom Parkplatz am **Vilsalpsee** (1165 m) folgen wir der schmalen Teerstraße, die links am Ostufer des Sees entlangführt (Wegweiser Landsberger Hütte) und bald in einen Kiesweg übergeht. Nach einigen hundert Metern wechseln wir bei einer Hütte links auf einen steinigen Steig (Wegweiser Landsberger Hütte), der durch den bewaldeten Hang nach rechts ansteigt. Von einer Freifläche bietet sich bald ein herrlicher Blick über den Vilsalpsee zum Gaishorn, das in der Morgensonne erstrahlt.
Wir steigen auf dem Weg weiter aufwärts und überqueren bald den Traualpbach. Der Weg führt dann auf die Felsabstürze zu, die das Tal sperren. Sie werden in einem Linksbogen umgangen, ehe wir den kleinen Staudamm am Nordende des **Traualpsees** er-

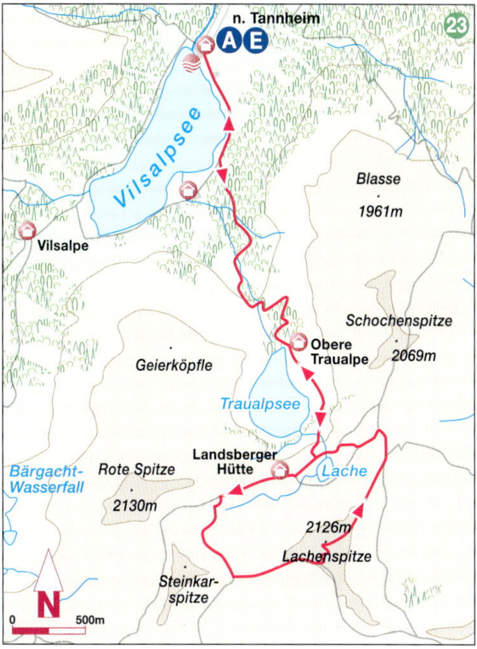

reichen. Links liegt wenige Schritte neben dem Weg die bewirtschaftete **Traualpe** (1649 m).

Fast eben läuft der Weg über die Wiesen am Ostufer des Sees und bringt uns zum Felsriegel, der uns noch von der jetzt schon nahen Landsberger Hütte trennt. In Serpentinen kurz aufwärts zu den Felsen. Der felsige, gut ausgebaute Weg überlistet die Wand im Rechtsbogen. Einige Metallketten geben unsicheren Wanderern zusätzliche Sicherheit. Im Zickzack geht es auf den Moränenrücken, hinter dem sich die malerisch am Fuß der Lachenspitz-Nordwand gelegene **Lache** (Oberer Traualpsee) versteckt. Am Kamm entlang nach rechts ist die **Landsberger Hütte** (1805 m) schnell erreicht. Wir gehen geradewegs an der Unterkunftshütte vorbei (Wegweiser Lachenspitze) und wandern wenige Minuten über Alpwiesen aufwärts zu einer Weggabelung. An dieser Stelle links (Wegweiser Lachenspitze) auf den Weg, der anfangs in gleich bleibender Höhe um den weiten Karboden führt.

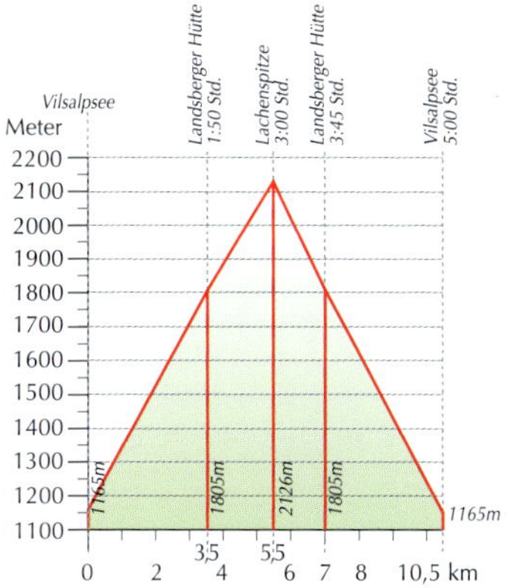

Ein kurzer Anstieg bringt uns dann zu einer Wegkreuzung in die **Steinkarscharte** (1955 m). Wir biegen links (Wegweiser Lachenspitze) in einen schmalen Steig, der anfangs in gleich bleibender Höhe und dann ansteigend bis unter den Gipfel der La-

23

chenspitze quert. Über den steilen Südhang steigen wir auf dem steinigen, aber gut angelegten Weg zum Kreuz auf der **Lachenspitze** (2126 m) hinauf. Dort bietet sich uns sowohl ein atemberaubender Tiefblick zu den Bergseen entlang unserer Aufstiegsroute als auch ein umfassender Rundumblick.

Direkt vom Gipfelkreuz zieht ein rot markierter Steilabstieg durch Felsgelände zum Lachenjoch hinab. Wer sich diesen Steig, der etwas Klettererfahrung verlangt, nicht zutraut, der wandert über den Anstiegsweg zurück zur Landsberger Hütte. Wir wollen uns dieses Abenteuer gönnen und klettern vorsichtig über die teils brüchigen Felsen nach Osten hinab. Der Steig wendet sich kurz nach links und führt uns dann abwärts zu einer Felsrippe. An ihrer linken Seite kurz durch eine Schuttrinne abwärts und dann nach links zum latschenbewachsenen Kamm. Nach einer Felsstelle wenige Meter aufwärts und jetzt auf dem besseren Steig rechts des Kammes bergab zum Weg, der zur Leilachspitze führt. Auf ihm links ins nahe **Lachenjoch** (1920 m) und noch kurz am Kamm entlang (Wegweiser Landsberger Hütte), bis links ein steiniger Steig zum breiten Weg hinab läuft, der von der Schochenspitze zur Landsberger Hütte führt. Auf ihm abwärts zu einer Weggabelung vor der **Lache**. Wer in der **Landsberger Hütte** (1805 m) einkehren will, wandert links um den See; wer gleich zum Ausgangspunkt der Tour möchte, der kann rechts um die Lache zum Abstiegsweg wandern. In beiden Fällen steigen wir auf dem vom Anstieg her bekannten Weg am Traualpsee vorbei zum Ausgangspunkt am **Vilsalpsee** (1165 m) hinab.

Die dunklen Nordwände der Lachenspitze werfen ihre Schatten auf den Lache genannten Bergsee.

Vom Neunerkopf zur Sulzspitze

24

Hochgebirge light: Neunerkopf – Strindenscharte – Sulzspitze – Strindenscharte – Neunerkopf

Will man ohne allzu große Anstrengungen die Faszination des Hochgebirges erleben, bietet sich die Sulzspitze als ideales Ziel an. Aufgrund des einfachen Zustiegs von der Tannheimer Vogelhornbahn ist sie problemlos zu erreichen. Und dank seiner freien Alleinlage bietet dieser Berg eine herrlich weite Rundumsicht auf die Bergwelt zwischen Allgäuer Alpen und Zugspitze.

▶ **Tourencharakter:** Die Tour verläuft vor allem, wenn man den etwas weiteren Weg über die Obere Strindenalpe wählt, auf breiten, bequem zu begehenden Wegen. Lediglich für den letzten Gipfelanstieg ist etwas Trittsicherheit erforderlich. Wem dieses Wegstück zu anspruchsvoll ist, der kann auch die nahe Gappenfeldscharte als Umkehrpunkt nützen. Herrliche Ausblicke sind auf jeden Fall garantiert.
▶ **Beste Jahreszeit:** Von Juni bis Oktober.
▶ **Ausgangs- und Endpunkt:** Die Bergstation der Vogelhornbahn.
▶ **Markierung:** Wegweiser und Farbmarkierungen.
▶ **Verkehrsanbindung:** Mit eigenem Fahrzeug auf der B 199 von Oberjoch oder Reutte von Tirol aus durch das Tannheimer Tal zur Talstation der Vogelhornbahn am westlichen Ortsrand von Tannheim. In Tannheim Bushaltestelle der Linie, die Reutte über das Tannheimer Tal mit dem Oberallgäu verbindet.
▶ **Einkehr:** An der Bergstation der Vogelhornbahn.
▶ **Unterkunft:** In Tannheim und den Nachbarorten im Tannheimer Tal.
▶ **Tourist-Info:** Tourismusbüro Tannheim, Tel. ++43/(0)5675/62 200; Vogelhornbahn, Tel. ++43/(0)5675/62 60.

leicht
8,5 km
3 1/4 Std.
ja

Der Wegverlauf

Von der **Bergstation der Vogelhornbahn** (1790 m) gehen wir rechts haltend (Wegweiser Neunerkopf und Landsberger Hütte) bergauf auf den nahen Neunerkopf zu. Vor dem Startplatz der Fallschirm- und Drachenflieger erreichen wir eine Wegkreuzung. Geradeaus quert der breite Hauptweg, der die einfachere Variante bietet, durch die Westflanke des Neunerkopfs. Wir halten uns jedoch links und folgen dem schmalen Steig, der uns durch steiles Gelände zum herrlichen Gipfelkreuz auf dem

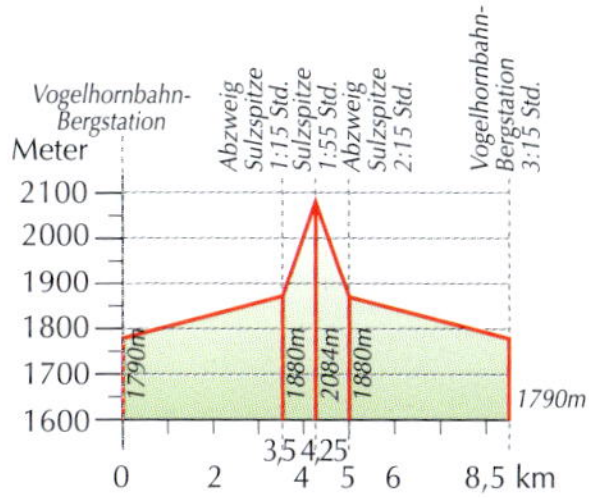

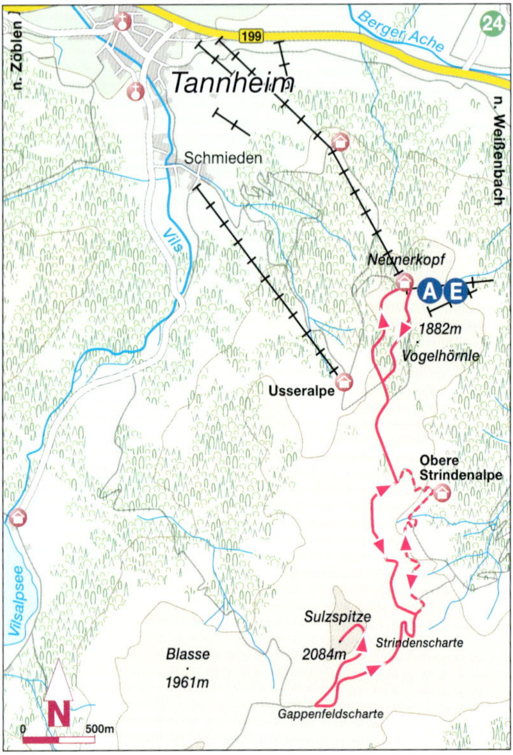

Ein herrliches Kreuz schmückt den Gipfel der Neunerspitze.

Neunerkopf (1864 m) hinaufleitet. Vom Gipfel steigen wir kurz in den sanften Sattel vor dem nächsten Kammaufschwung ab und wandern dann rechts auf breitem Weg abwärts zum Hauptweg. Er führt (Wegweiser Landsberger Hütte) auf dem breiten Wiesenkamm entlang und anschließend abwärts zu einer Wegkreuzung.

Jetzt kann man auf dem breiten Weg weiter zur Oberen Strindenalpe absteigen und kurz auf der Alpstraße bis zu einer Kreuzung wandern, von der man einer Schotterpiste rechts aufwärts folgt (Wegweiser Landsberger Hütte).

Wir schwenken jedoch rechts auf den schmalen, etwas anspruchsvolleren Steig (Hinweisschild »Nur für Geübte«), der in leichtem Auf und Ab den Hang durchzieht. Er führt teils durch felsige Hänge, teils über Alpwiesen und zwingt uns mehrmals, feuchte und morastige Stellen zu überlisten.

24

Kurz unter der Strindenscharte treffen beide Wege wieder zusammen. Wir kürzen auf einem steinigen Weg geradeaus ansteigend zwei Kehren der Schotterstraße ab (Wegweiser Landsberger Hütte). In der **Strindenscharte** (1870 m) stoßen wir wieder auf das Sträßchen, dem wir nach links folgen. Es leitet uns leicht ansteigend durch die Südostflanke der Sulzspitze, bis wir kurz vor Erreichen der Gappenfeldscharte rechts auf den Gipfelweg zur Sulzspitze abzweigen können (Wegweiser Sulzspitze).

Der schmale, teils steile und abschüssige Steig läuft oberhalb der Schotterstraße durch den Südosthang der Sulzspitze zu einer sanften Bergwiese. Oberhalb steilt das Gelände wieder auf und verlangt nochmals etwas Trittsicherheit.

In Serpentinen schlängelt sich das Weglein durch eine Mulde bergan zur harmlosen Gipfelfläche, über die wir zum nahen, aussichtsreichen Gipfel der **Sulzspitze** (2084 m) schlendern. Von dort kehren wir auf dem bekannten Weg zurück zur **Bergstation der Vogelhornbahn** (1790 m).

Über den Haldensee geht der Blick zu den imposanten Gipfeln der Tannheimer Berge.

25 Auf den Einstein

Felsberg über Tannheim: Tannheim – Berg – Einstein – Berg – Tannheim

Genau im Norden über Tannheim erhebt sich der Einstein. Das »Ein« in seinem Namen steht für die Alleinlage des Berges, der von all den Gipfeln ringsum durch tief eingeschnittene Täler getrennt ist, und das »Stein« weist auf seinen felsigen Gipfelaufbau hin. So verspricht dieser Gipfel nach einem zügigen Aufstieg eine herrliche Rundumsicht auf die Tannheimer Bergwelt.

mittel

km 6,5 km

3¼ Std.

▶ **Tourencharakter:** Auf schmalen Wegen teils steil ansteigend durch den Bergwald und die Latschenhänge an der Südflanke des Einsteins. Im Gipfelbereich verlangt der felsige Steig etwas Trittsicherheit. Der Anstieg ist stark der Sonne ausgesetzt und daher oft schon im zeitigen Frühjahr und noch spät im Herbst zu begehen, sollte aber an heißen Tagen gemieden werden. Vom Gipfel bietet sich ein herrlicher Rundblick.
▶ **Beste Jahreszeit:** Vom Frühjahr bis in den Spätherbst.
▶ **Ausgangs- und Endpunkt:** Tannheim bzw. der wenig nördlich gelegene Tannheimer Ortsteil Berg.
▶ **Markierung:** Wegweiser und Farbmarkierungen.
▶ **Verkehrsanbindung:** Mit eigenem Fahrzeug auf der B 199 durch das Tannheimer Tal und auf Höhe des Ortszentrums von Tannheim auf der nach Berg und Innergschwend beschilderten Abfahrt die Bundesstraße verlassen und nach wenigen Metern auf dem Parkplatz an der Abfahrt parken. Tannheim liegt an der Buslinie, die von Reutte durch das Tannheimer Tal zum Oberjoch führt und an der Linie, die von Füssen über Pfronten nach Tannheim und zum Vilsalpsee läuft.
▶ **Einkehr:** In Berg bzw. Tannheim.
▶ **Unterkunft:** In Tannheim und den Nachbarorten im Tannheimer Tal.
▶ **Tourist-Info:** Tourismusbüro Tannheim, Tel. ++43/(0)5675/62 200.

Der Wegverlauf

Wer mit öffentlichen Verkehrsmitteln anreist, folgt von der Kirche in **Tannheim** (1097 m) der schmalen, nach Berg ausgeschilderten Teerstraße. Nach der nahen Unterführung unter der B 199 liegt rechts der Parkplatz, an dem man bei Anreise mit eigenem Fahrzeug startet. Wir folgen der Teerstraße durch die Talwiesen zum nahen Weiler Berg, der am Fuß des Einsteins liegt. Geradewegs zwischen den Häusern aufwärts zu einer Querstraße, auf ihr links (Wegweiser Einstein) zum kleinen Kirchlein von **Berg** und dort rechts aufwärts (Wegweiser Einstein). Nach 100 m entlässt uns linker Hand ein Gatter auf die Wiesen (Wegweiser Einstein), über die uns eine schmale Wegspur aufwärts leitet. Wir überqueren einen Wanderweg und steigen rechts neben einem Quellhäuschen zu einer Schotterstraße hinauf. Unser schmaler Weg überquert

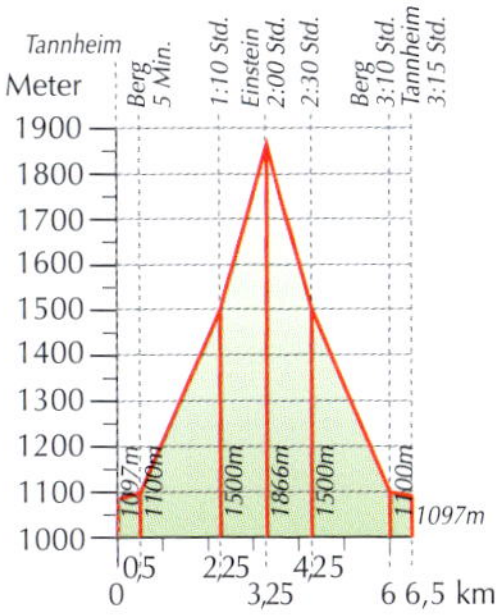

nun mehrmals die Forststraße, ehe diese endgültig nach links knickt. Wir folgen dem anfangs teilweise steil ansteigenden Weg, der genau auf den Gipfel des Einsteins zuhält. Nach einem kurzen Flachstück erreichen wir eine Weggabelung am Fuß des steilen Gipfelaufschwungs. Geradeaus (Wegweiser Einstein) wandern wir auf dem steil bergan führenden Steig aufwärts, der uns bald in angenehmen Kehren durch den Steilhang nach oben führt. Der Blick weitet sich mit jedem gewonnenen Höhenmeter und verführt uns zu kurzen Verschnaufpausen. Nach oben hin verlangen einige abschüssige Wegstrecken ein wenig Trittsicherheit, ehe sich der Steig nach rechts wendet und uns zum Ostrücken des Einsteins hinaufführt. Von hier geht jetzt der Blick ungehindert nach Norden und zu den Tannheimer Felsbergen im Osten.

Durch steiles, Fels durchsetztes Gelände führt der Schlussanstieg auf den Gipfel des Einsteins.

Von rechts trifft der nordseitige Anstieg auf unseren Weg. Am Bergrücken entlang steigen wir zum nahen Gipfelaufbau an. Der steinige Steig windet sich über einen steilen Hang kurz aufwärts und bald haben wir das Gipfelkreuz vor Augen. Über den felsdurchsetzten Schlusshang steigen wir zum nahen Gipfel des **Einsteins** (1866 m) hinauf, der uns einen herrlichen Panoramablick bietet. Nach einer langen Rast wandern wir auf dem Anstiegsweg wieder hinab nach **Berg** bzw. **Tannheim**.

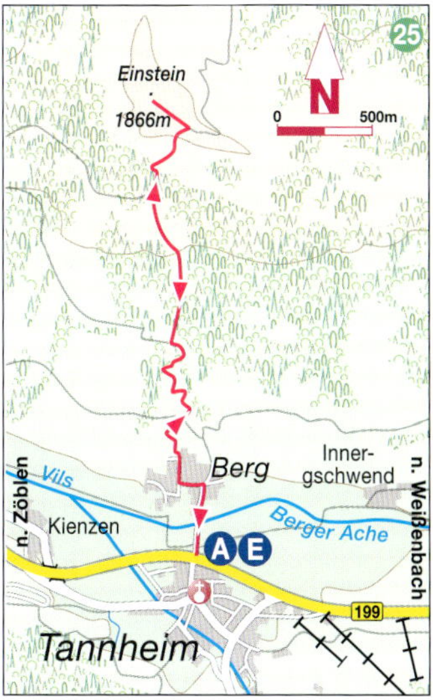

26 Zum Schartschrofen

Kleiner Berg vor großer Kulisse: Füssener Jöchl – Reintaljoch – Hallergernjoch – Schartschrofen – Füssener Jöchl

Vom Füssener Jöchl zieht ein Bergkamm mit mehreren Felsgipfeln zu den beeindruckenden Steilwänden der Tannheimer Kletterberge Gimpel und Rote Flüh. Der letzte und höchste dieser kleinen Berge, die beeindruckende Nahblicke in die Felsflanken der Tannheimer Berge bieten, ist der Schartschrofen.

mittel

km 3,5 km

1¾ Std.

ja

▶ **Tourencharakter:** Auf schmalen, steinigen Steigen ohne große Mühen auf den Schartschrofen, der herrliche Nah- und Fernblicke bietet. Kinder sollten für diese Tour etwas Bergerfahrung und Trittsicherheit besitzen. Der erwähnte Abstecher auf die Läuferspitze bleibt erfahrenen Bergsteigern vorbehalten. Die Tour lässt sich mit Wanderung 27 oder 28 zu einer längeren Unternehmung verknüpfen.
▶ **Beste Jahreszeit:** Ende Mai bis Oktober.
▶ **Ausgangs- und Endpunkt:** Die Bergstation der Bergbahn zum Füssener Jöchl.
▶ **Markierung:** Wegweiser und Farbmarkierungen.
▶ **Verkehrsanbindung:** Mit eigenem Fahrzeug bei Grän von der B 199, die durch das Tannheimer Tal läuft, auf die nach Pfronten ausgeschilderte Straße durch das Engetal abbiegen. Am Ortsrand der Beschilderung zur Füssener-Jöchl-Bahn folgen und kurz aufwärts zum großen Parkplatz an der Talstation. Grän liegt an der Buslinie, die von Reutte durch das Tannheimer Tal zum Oberjoch verkehrt, und an der Buslinie, die Pfronten mit Tannheim und dem Vilsalpsee verbindet.
▶ **Einkehr:** An der Bergstation am Füssener Jöchl.
▶ **Unterkunft:** In Grän und den Nachbarorten im Tannheimer Tal.
▶ **Tourist-Info:** Tourismusbüro Grän, Tel. ++43/(0)5675/62 85; Liftgesellschaft Grän, Tel. ++43/(0)5675/63 63.

Der Wegverlauf

Am **Füssener Jöchl** (1818 m) folgen wir dem Weg nach rechts, der durch die Bergwiese sanft bergab läuft (Wegweiser Schartschrofen). Nach kurzer Strecke bleibt der steile Anstieg zur Läuferspitze rechts, die von versierten Bergsteigern überschritten werden kann (man trifft dann wieder auf den beschriebenen Weg). Wir folgen dem gemütlichen Weg und erreichen nach einem kurzen Anstieg das **Reintaljoch**. Wir halten uns rechts (Wegweiser Schartschrofen), gehen an einer Weggabelung vor den Felsen der Läuferspitze geradeaus (Wegweiser Schartschrofen) und queren dann die steile Ostflanke der Läuferspitze. Ein kurzer felsiger Abschnitt verlangt etwas Konzentra-

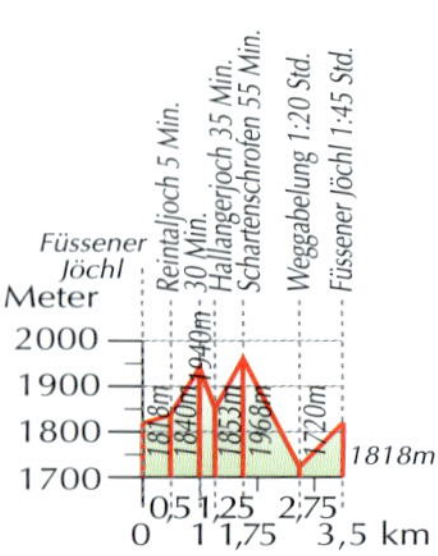

26

tion, ehe wir eine zwischen Läuferspitze und Hallerschrofen eingelassene Scharte erreichen. Hier trifft der Weg über die Läuferspitze wieder auf den beschriebenen Anstieg. Nach einem zweiten Schärtchen wird der felsige Gipfel des Hallerschrofens rechts in der Westflanke umgangen und wir erreichen einen Bergkamm. Zum ersten Mal geht der Blick zum Schartschrofen, der von den Felswänden des Gimpel und der Roten Flüh überragt wird. Unser Weg folgt nur kurz dem Kamm und schlängelt sich dann abwärts zur **Hallergernjoch** (1851 m). An dieser Stelle beginnt geradewegs der Gipfelanstieg zum Schartschrofen, der anfangs steil in Serpentinen bergan führt. Bald legt sich das Gelände jedoch zurück und wir steigen ohne große Mühen durch Latschen bergan. Ein kurzer Schlussanstieg bringt uns auf den Gipfel des **Schartschrofens** (1968 m). Hier beginnt der mit Stahlseilen gesicherte Friedberger Steig, der beeindruckend steil in die Gelbe Scharte hinabzieht. Wir begnügen uns mit dem atemberaubenden Nahblick zum Gimpel und zur Roten Flüh und kehren auf unserem Anstiegsweg wieder zum **Hallergernjoch** (1851 m) zurück.
Wer nicht auf demselben Weg zum Füssener Jöchl zurückwandern möchte, kann hier dem schmalen Weglein links Richtung Tannheimer Tal folgen (Wegweiser Haller, Grän). Es läuft kurz abwärts und schwenkt dann nach rechts. Bald müssen wir uns kurz am Rand einer steilen Rinne abwärts mühen, ehe uns der Steig unter Felswänden nach rechts zu einer Wegkreuzung führt. Wir halten uns erneut rechts (Wegweiser Füssener Jöchl) und wandern auf dem teils neu angelegten Weg am Rand des Pistengebietes hinauf zur Bergstation der Seilbahn am **Füssener Jöchl** (1818 m).

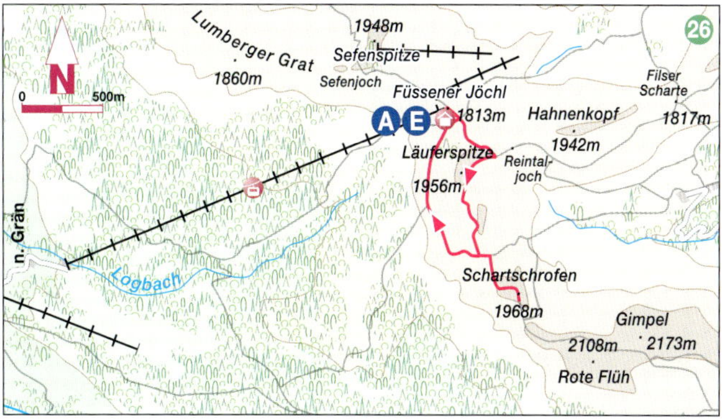

27 Vom Füssener Jöchl zur Großen Schlicke

Leichter Weg zur großen Aussicht: Füssener Jöchl – Reintaljoch – Vilser Scharte – Große Schlicke – Füssener Jöchl

Vom Füssener Jöchl zieht das malerische Reintal hinab zum Lechtal, über dem sich im Süden die düsteren Nordwände der großen Tannheimer Berge auftürmen. Der höchste Gipfel am Nordrand des Tales ist die einfach zu erreichende Große Schlicke, die herrliche Ausblicke zu den Tannheimer Bergen und in das Alpenvorland bietet.

mittel

5,5 km

2½ Std.

ja

▶ **Tourencharakter:** Dank des hoch gelegenen Ausgangspunktes eine leichte Wanderung auf schmalen, gut begehbaren Bergpfaden ohne große Mühen. Während des gesamten Weges bieten sich herrliche Ausblicke auf eine wilde Felsszenerie und in das malerische Alpenvorland. Die Tour lässt sich mit Tour 26 oder Tour 28 zu einer längeren Wanderung verknüpfen.
▶ **Beste Jahreszeit:** Ende Mai bis Oktober.
▶ **Ausgangs- und Endpunkt:** Die Bergstation der Bergbahn zum Füssener Jöchl.
▶ **Markierung:** Wegweiser und Farbmarkierungen.
▶ **Verkehrsanbindung:** Mit eigenem Fahrzeug bei Grän von der B 199, die durch das Tannheimer Tal läuft, auf die nach Pfronten ausgeschilderte Straße durch das Engetal abbiegen. Am Ortsrand der Beschilderung zur Füssener-Jöchl-Bahn folgen und kurz aufwärts zum großen Parkplatz an der Talstation. Grän liegt an der Buslinie, die von Reutte durch das Tannheimer Tal zum Oberjoch verkehrt, und an der Buslinie, die Pfronten mit Tannheim und dem Vilsalpsee verbindet.
▶ **Einkehr:** An der Bergstation am Füssener Jöchl.
▶ **Unterkunft:** In Grän und den benachbarten Orten des Tannheimer Tales.
▶ **Tourist-Info:** Tourismusbüro Grän, Tel. ++43/(0)5675/62 85; Liftgesellschaft Grän, Tel. ++43/(0)5675/63 63.

Der Wegverlauf

Am **Füssener Jöchl** (1818 m) folgen wir dem breiten Weg nach rechts, der durch Bergwiesen sanft abwärts läuft (Wegweiser Schartschrofen, Otto-Mayr-Hütte). Bald steigt der steinige Weg kurz zu einer Wegkreuzung auf dem breiten **Reintaljoch**. Wir halten uns links (Wegweiser Schlicke) und folgen dem Weg, der durch die mit Latschen bewachsene Südflanke des Hahnenkopfes abwärts zu einer Wegkreuzung läuft. Rechts führt hier ein Steig weiter bergab zu den Hütten im Reintal. Wir gehen jedoch geradeaus (Wegweiser Große Schlicke) und erreichen wenige Meter weiter den tiefsten Punkt der Wanderung. Das Weglein, das im-

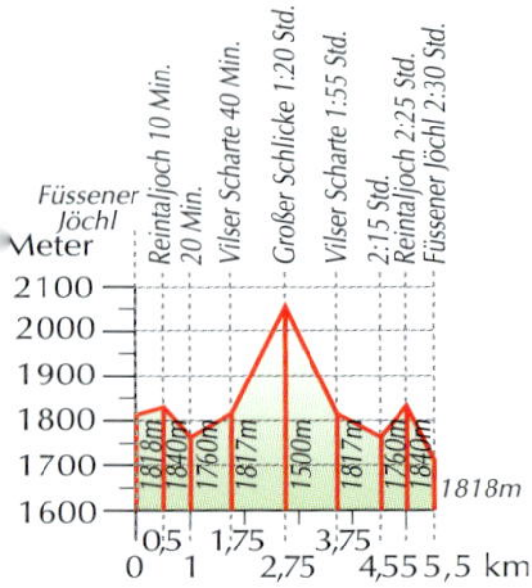

mer wieder herrliche Blicke auf die dunklen Nordabbrüche der Tannheimer Berge bietet, quert nun in sanftem Auf und Ab den Hang. Bald geht es ein kurzes Stück etwas steiler abwärts und ein kurzer Anstieg bringt uns zur Wegkreuzung in die **Vilser Scharte** (1817 m). Von rechts kommt ein Anstieg vom Reintal herauf und links führt ein steiler Abstieg von der Scharte nach Norden. Wir folgen jedoch dem Weg, der weiterhin in gleich bleibender Richtung durch den Hang ansteigt (Wegweiser Große Schlicke). Er läuft abwechselnd zwischen Latschen über kurze, felsige Steilstücke aufwärts, um dann wieder über freies Gelände sanfter bergan zu führen. In Falllinie des Schlicke-Gipfels, dessen großes Gipfelkreuz schon zum Greifen nahe scheint, erreichen wir eine weitere Wegkreuzung. Von rechts kommt erneut ein Steig aus dem Reintal herauf. Wir halten uns jedoch links (Wegweiser Große Schlicke) und folgen dem schmalen, steinigen Weglein, das sich durch die steile Südflanke zum Gipfel der **Großen Schlicke** (2059 m) hinaufwindet. Da sie ihre unmittelbare Nachbarschaft überragt, bietet die Große Schlicke eine herrliche Rundumsicht, die die geringen Mühen ihrer Ersteigung allemal lohnt. Vom Gipfel kehren wir auf dem schon bekannten Weg wieder zum **Füssener Jöchl** (1818 m) zurück.

An der Vilser Scharte beginnt der Gipfelanstieg zur Großen Schlicke.

28 Der Gräner Höhenweg

Abwärts ins Tannheimer Tal: Füssener Jöchl – Sefenjoch – Sebenalm – Bad Kissinger Hütte – Lumberg – Grän

Hoch über dem Engetal, das das Tannheimer Tal mit Pfronten verbindet, zieht ein Bergkamm mit markanten Gipfeln vom Füssener Jöchl nach Nordwesten. Ein aussichtsreicher Höhenweg folgt dem Kamm bis zur Bad Kissinger Hütte, die sich wie ein Adlerhorst an die felsige Südflanke des eleganten Aggensteins klammert.

mittel

9 km

3½ Std.

ja

▶ **Tourencharakter:** Eine Wanderung auf teils steinigen Bergpfaden ohne große Anstiege, die herrliche Ausblicke bietet. Auf halbem Weg kann von der aussichtsreich gelegenen Bad Kissinger Hütte aus ein Abstecher zum Aggenstein unternommen werden. Die Tour kann mit den Touren 26 oder 27 zu einer längeren Wanderung verbunden werden.

▶ **Beste Jahreszeit:** Ende Mai bis Oktober.

▶ **Ausgangspunkt:** Die Bergstation der Bergbahn zum Füssener Jöchl.

▶ **Endpunkt:** Die Talstation der Bergbahn zum Füssener Jöchl am Ortsrand von Grän.

▶ **Markierung:** Wegweiser und Farbmarkierungen.

▶ **Verkehrsanbindung:** Mit eigenem Fahrzeug bei Grän von der B 199, die durch das Tannheimer Tal läuft, auf die nach Pfronten ausgeschilderte Straße durch das Engetal abbiegen. Am Ortsrand der Beschilderung zur Füssener-Jöchl-Bahn folgen und kurz aufwärts zum großen Parkplatz an der Talstation. Grän liegt an der Buslinie, die von Reutte durch das Tannheimer Tal zum Oberjoch verkehrt, und an der Buslinie, die Pfronten mit Tannheim und dem Vilsalpsee verbindet.

▶ **Einkehr:** An der Bergstation am Füssener Jöchl und in der Bad Kissinger Hütte.

▶ **Unterkunft:** In Grän und den Nachbarorten im Tannheimer Tal; in der Bad Kissinger Hütte, Tel. ++43/(0)676/3 73 11 66.

▶ **Tourist-Info:** Tourismusbüro Grän, Tel. ++43/(0)5675/62 85; Liftgesellschaft Grän, Tel. ++43/(0)5675/63 63.

Der Wegverlauf

Am **Füssener Jöchl** (1818 m) wenden wir uns nach links (Wegweiser Bad Kissinger Hütte) und folgen dem leicht ansteigenden Weg, der sich etwas links des Bergrückens hält. Nach wenigen Minuten führt er auf die rechte Seite des Kamms und steigt an Lawinenverbauungen vorbei zu einem flachen Abschnitt des Bergrückens an. Links an der Bergstation des Jochalmliftes vorbei und auf nun schmalem Weg durch die Südflanke der Sefenspitze, von der wir herrliche Blicke zurück zu den Tannheimer Kletterbergen genießen. Wir erreichen eine Wegkreuzung und steigen rechts (Wegweiser Pfrontner Hütte) kurz etwas steiler zum **Sefenjoch** (1910 m) hinauf, auf dem sich der Blick über die breite Mulde des Sebentales zum Aggenstein öffnet. Der teils steile und recht steinige Weg schlängelt sich durch das Tal abwärts und führt dann am Fuß der markanten Sebenspitze durch Latschen und über Alpwiesen zur malerisch gelegenen **Sebenalm** (1640 m). Neben der letzten kleinen Alphütte erreichen wir eine Wegkreuzung. Rechts hoch führt ein schmaler Weg ins nahe Vilser Jöchl, von dem aus man über den Südrücken einen Abstecher zum Gipfel des **Brentenjochs** (2000 m) unternehmen kann. Wir folgen jedoch geradewegs dem schönen Steig (Wegweiser Pfrontner Hütte), der sanft fallend am Südwestfuß des Brentenjochs zu einer Wegkreuzung läuft. Wer in Zeitnot ist, kann sich hier links halten und am Seebach entlang absteigen.

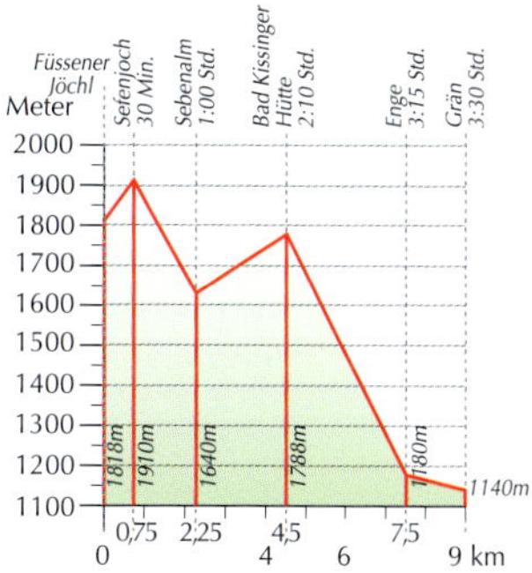

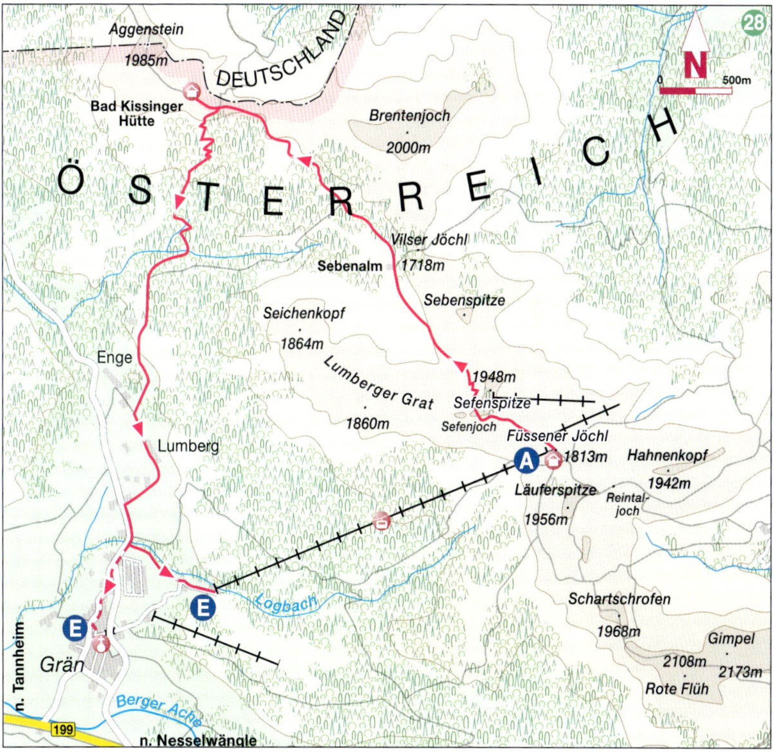

28

Wir folgen jedoch geradewegs dem Gräner Höhenweg, der uns sanft ansteigend durch den Waldhang zu aussichtsreichen Bergwiesen führt. Wenig später erreichen wir den Verbindungskamm zwischen Brentenjoch und Aggenstein. Unser Weg läuft an der Südseite des Bergkammes zu einer Wegkreuzung, von der wir geradewegs zur nahen, herrlich gelegenen **Bad Kissinger Hütte** (1788 m, frühere Pfrontner Hütte) aufsteigen. Von hier kann man einen steilen Abstecher auf den markanten Aggenstein (siehe Tour 17) unternehmen, der über der Hütte aufragt.

Von der Hütte steigen wir wieder zur ersten Wegkreuzung ab und halten uns dort rechts (Wegweiser Grän, Lumberg). Der Hüttenweg windet sich parallel zur Materialseilbahn durch den steilen Waldhang abwärts, bis uns eine Brücke über den Seebach führt. Nun auf der linken Seite des Baches auf angenehmem Weg zu einer Forststraße, die wir geradewegs überqueren. Wir steigen links der Seilbahn zur Forststraße ab, folgen ihr kurz nach links und wandern dann rechts zu einer nahen Kreuzung hinab. Das linke, sanft fallende Sträßchen (Wegweiser Grän) führt uns geradewegs über Wiesen, bis wir bei den Häusern von **Enge** auf eine schmale Teerstraße treffen. Auf ihr nach links (Wegweiser Talstation Füssener Jöchl) und geradewegs an den Häusern von **Lumberg** vorbei. Die Straße knickt nach rechts und leitet uns zur Hauptstraße hinab. An ihr entlang wandern wir nach links und überqueren nach kurzer Strecke den Logbach. Folgt man geradewegs der Straße, ist das Ortszentrum von **Grän** (1138 m) schnell erreicht. Wir gehen hier jedoch links durch ein schmales Gatter (Wegweiser Talstation Füssener Jöchl) und wandern auf einer Wegspur am Bach entlang aufwärts zum Parkplatz an der Talstation der **Füssener-Jöchl-Bahn** (1200 m).

Die Sebenalm liegt am tiefsten Punkt des Weges vom Füssener Jöchl zur Bad Kissinger Hütte.

Auf die Rote Flüh

29

Im Schatten der Kletterberge: Nesselwängle – Gimpelhaus – Judenscharte – Rote Flüh – Tannheimer Hütte – Gimpelhaus – Nesselwängle

Die Tannheimer Berge zählen mit ihren sonnenverwöhnten Südwänden und düsteren Nordabbrüchen zu den beliebtesten Kletterzielen im weiten Umkreis. Als einziger dieser Felsgipfel ist die Rote Flüh auch für den Normalbergsteiger zu erreichen.

▶ **Tourencharakter:** Auf gut ausgebautem, teils steilem und stufenreichem Hüttenweg zum Gimpelhaus, dann auf schmalem, gut zu begehendem Steig zur Judenscharte. Der Gipfelanstieg bietet abgesehen von einer gut gesicherten Felspassage zu Beginn, die etwas Trittsicherheit verlangt, keine besonderen Schwierigkeiten. Vom Gipfel herrliche Tiefblicke in das Tannheimer Tal und interessante Nahblicke auf die Kletterwände des Gimpels.
▶ **Beste Jahreszeit:** Von Anfang Juni bis in den Spätherbst.
▶ **Ausgangs- und Endpunkt:** Das Ortszentrum von Nesselwängle.
▶ **Markierung:** Wegweiser und Farbmarkierungen.
▶ **Verkehrsanbindung:** Von der B 199, die durch das Tannheimer Tal führt, in das Ortszentrum von Nesselwängle und links neben der Kirche auf schmaler Straße kurz aufwärts zu einer Querstraße. Hier links einige Parkmöglichkeiten. An Wochenenden sind die begrenzten Parkmöglichkeiten in Nesselwängle schnell erschöpft. Dann besser westlich des Ortes an den großen Parkplätzen nahe dem Krinnenlift parken (zusätzlich 10 Min. Anmarsch nach Nesselwängle). In Nesselwängle Bushaltestelle der Linie, die von Reutte durch das Tannheimer Tal zum Oberjoch verkehrt.
▶ **Einkehr:** Im Gimpelhaus und in der Tannheimer Hütte.
▶ **Unterkunft:** In Nesselwängle und den Nachbarorten im Tannheimer Tal; im Gimpelhaus, Tel. ++43/(0)5675/82 51.
▶ **Tourist-Info:** Tourismusbüro Nesselwängle, Tel. ++43/(0)5675/82 71.

anspr.
km 6 km
4¼ Std.

Der Wegverlauf

Im Ortszentrum von **Nesselwängle** (1140 m) wandern wir links neben der Kirche auf einer Teerstraße kurz aufwärts. Wir folgen einer Querstraße wenige Meter nach rechts. Ein Türchen entlässt uns links auf einen schmalen Weg (Wegweiser Gimpelhaus, Tannheimer Hütte, Rote Flüh), der uns aufwärts zu einer Forststraße leitet. Auf ihr kurz nach links und dann rechts auf breitem Weg bis vor eine Felswand. Links setzt der Hüttenweg an (Wegweiser Gimpelhaus, Tannheimer Hütte), der uns durch den steilen Waldhang über unzählige Stufen in Serpentinen bergan führt. Nach oben hin lichtet sich der Wald und im Sommer kann es an der südexponierten Flanke unerträglich heiß werden. Nach einigen felsigen, aber problemlos zu begehenden Passagen erreichen

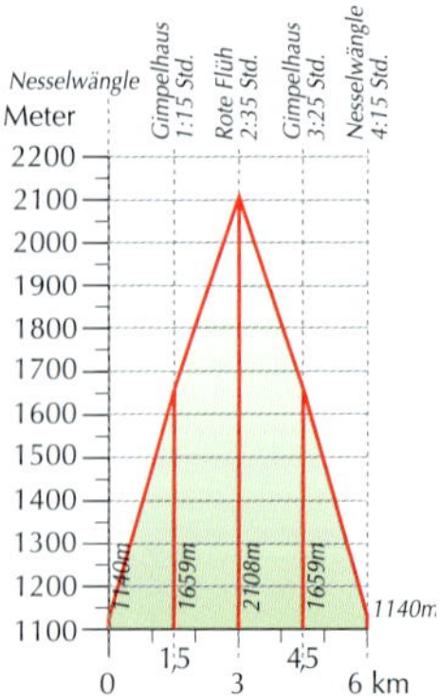

wir das große, an aussichtsreicher Stelle erbaute **Gimpelhaus** (1659 m). Wir wandern rechts am großen, modernen Haus vorbei. Der Abzweig zur nahen Tannheimer Hütte bleibt rechts und wenige Meter oberhalb folgen wir dem schmalen Bergsteig, der nach rechts ansteigt (Wegweiser Rote Flüh). Er leitet uns durch Wald zu einer Wegkreuzung am Beginn des **Gimpelkars**. Wir halten uns links (Wegweiser Rote Flüh und Gimpelspitze) und wandern auf den imposanten Gimpel zu, der durch die Judenscharte von der Roten Flüh getrennt wird. Der Weg gabelt sich am Beginn des großen Schuttfeldes und wir folgen dem linken, unteren Steig. Er ist im Vergleich zu dem oberen, aus den Gimpelwänden von Steinschlag bedrohten Weg angenehmer zu begehen und leitet uns nach einer ansteigenden Querung in Serpentinen zur **Judenscharte** hinauf. Wenige Meter links der Scharte beginnt der lediglich zu Beginn etwas schwieriger zu begehende Gipfelanstieg auf die Rote Flüh. Gesichert durch ein Seilgeländer, überwinden wir eine glatte Felsplatte, in die große Trittstufen geschlagen sind. Anschließend mit Hilfe des Seilgeländers noch kurz über Felsgelände aufwärts, ehe sich der Steig über Bergwiesen und Geröll zum Gipfel der **Roten Flüh** (2108 m) hinaufwindet. Dort genießen wir den atemberaubenden Tiefblick ins Tannheimer Tal und beobachten die Kletterer in der nahen Südwand des Gimpels. Vom Gipfel steigen wir auf dem bekannten Weg wieder bis zur Wegkreuzung am unteren Ende des Gimpelkars ab. Hier können wir dem beschilderten Weg folgen, der links zur nahen **Tannheimer Hütte** (1713 m) abwärts führt, in der es sich gemütlich einkehren lässt. Von dort wandern wir auf dem angenehmen Verbindungsweg zum **Gimpelhaus** (1659 m) hinüber und steigen auf dem steilen Hüttenweg wieder hinab nach **Nesselwängle** (1140 m).

Über die Krinnenspitze

30

Der östlichste Gipfel der Allgäuer Alpen: Krinnenlift – Krinnenspitze – Nesselwängler Ödenalpe – Krinnenalpe – Krinnenlift

Südlich über dem Haldensee im Tannheimer Tal ragen die steilen Nordabstürze der Krinnenspitze aus den dunklen Bergwäldern. Dank eines Sesselliftes und des gut ausgebauten Wegenetzes lässt sich dieser unnahbar erscheinende Gipfel, der eine herrliche Rundsicht bietet, überraschend einfach ersteigen.

▶ **Tourencharakter:** Auf schmalen Bergsteigen über den Gipfel, der dank seiner vorgeschobenen Lage weite Ausblicke bietet. Der beschriebene Aufstieg über den Gamsbocksteig führt im Gipfelbereich über einen felsigen, mit Drahtseilen gesicherten Grat, der nur von trittsicheren und schwindelfreien Bergsteigern begangen werden sollte. Als Anstiegsalternative bietet sich für An- und Abstieg der als Abstieg beschriebene Weg über die Nesselwängler Ödenalpe an, der über zwar steile, aber gefahrlose Bergwiesen zum Gipfel führt und auch mit Kindern zu begehen ist.
▶ **Beste Jahreszeit:** Von Juni bis Oktober.
▶ **Ausgangs- und Endpunkt:** Die Berg- bzw. Talstation des Krinnenliftes östlich von Nesselwängle.
▶ **Markierung:** Wegweiser und Farbmarkierungen.
▶ **Verkehrsanbindung:** Mit eigenem Fahrzeug auf der B 199 durch das Tannheimer Tal, bis wenig östlich von Nesselwängle nach Süden die beschilderte Straße zum nahen Krinnenlift abzweigt. Busverbindung auf der Strecke, die Reutte in Tirol durch das Tannheimer Tal mit dem Oberallgäu verbindet.
▶ **Einkehr:** Auf der Nesselwängler Ödenalpe (Edenalpe) und auf der Krinnenalpe.
▶ **Unterkunft:** In Nesselwängle und den anderen Orten des Tannheimer Tales.
▶ **Tourist-Info:** Tourismusbüro Nesselwängle, Tel. ++43/(0)5675/82 71; Liftgesellschaft Nesselwängle, Tel. ++43/(0)5675/82 50.

mittel
6 km
3 Std.

Der Wegverlauf

Von der **Bergstation des Krinnenliftes** (1544 m) gehen wir auf einer Schotterpiste nach links (Wegweiser Gamsbocksteig) zum Liftgelände. Wir biegen nach ca. 300 m rechts auf einen schmalen Steig ein (Wegweiser Krinnenspitze, Gamsbocksteig), der sich links an einem Liftgebäude vorbei nach oben schlängelt. Er führt uns bald durch den steilen Latschenhang aufwärts, bis wir den Bergrücken erreichen, der von der Krinnenspitze nach Osten streicht. Der Steig wendet sich hier nach rechts und zieht bald über die Südflanke der Krinnenspitze durch aussichtsreiche Bergwiesen in weiten Kehren zum Bergkamm hinauf. Wenig unterhalb des Kammes wandern wir dann auf den schmalen, felsigen

30

Am felsigen Ostrücken der Krinnenspitze erleichtern Drahtseile den Anstieg zum Gipfel.

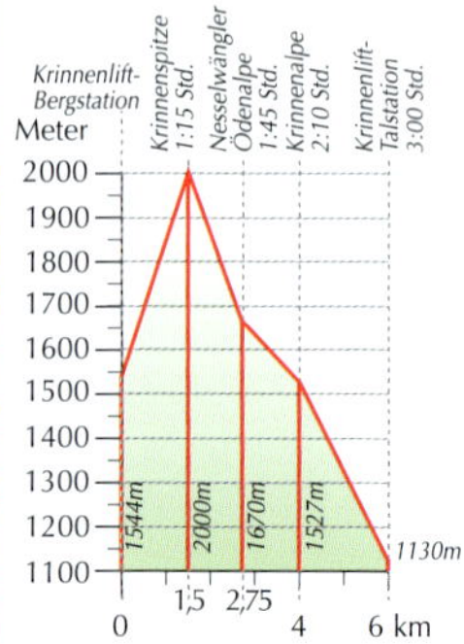

Ostgrat der Krinnenspitze zu, über den der Schlussanstieg zum Gipfel führt. Teils mit Hilfe von Drahtseilen und Ketten gilt es nun mehrere felsige Steilstellen zu überwinden, ehe wir am Gipfelkreuz der **Krinnenspitze** (2000 m) sanfte Bergwiesen erreichen. Besonders imposant sind von hier die Blicke hinüber zu den Tannheimer Bergen, deren steile Südwände jenseits des Tales aufragen.

Für den Abstieg bieten sich mehrere Wege an. Der kürzeste, Alpenrosensteig benannte Weg folgt vom Gipfel kurz dem Bergkamm nach Westen und führt dann durch die steile Nordflanke direkt zum Panoramaweg hinab, der die Nesselwängler Ödenalpe mit der Krinnenalpe verbindet. Wir wählen jedoch den etwas bequemeren Weg zur Nesselwängler Ödenalpe (ausgeschildert als Edenalpe), der sich für weniger trittsichere Wanderer auch als Aufstiegsweg eignet. Wir folgen dem Weg über die sanft abfallende Gipfelwiese nach Südwesten zu einem Wegweiser und halten uns kurz darauf an der Wegga-

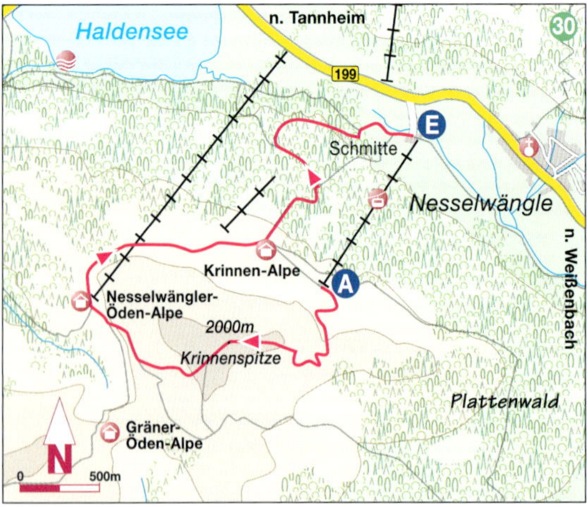

30

belung rechts. Auf schmalem, nach Regenfällen rutschigem Steig nun über steile Alpwiesen rechts haltend abwärts. Wenig oberhalb einer Alpstraße erreichen wir einen bequemen Weg (in Gegenrichtung Wegweiser Weg 14), der uns rechts sanft fallend durch den Hang leitet. An seinem Ende wenige Meter abwärts zur Wirtschaftsstraße (in Gegenrichtung Wegweiser Enziansteig, Weg 14) und rechts zur nahen **Nesselwängler Ödenalpe** (Edenalpe, 1670 m).

Wir wandern an der Alpe vorbei zu einer Gabelung, an der wir dem großen Wirtschaftsweg nach rechts folgen (Wegweiser Krinnenalpe, Bergstation). Er läuft als herrlicher Panoramaweg durch die Nordflanke der Krinnenspitze abwärts zur **Krinnenalpe** (1527 m). Geht man geradewegs weiter, erreicht man nach kurzer Strecke wieder die **Bergstation des Krinnenliftes** (1544 m).

Wir wollen jedoch zu Fuß ins Tal absteigen und wechseln beim ersten Gebäude der **Krinnenalpe** (1527 m) links auf ein schmales, abwärts laufendes Weglein (Wegweiser Nesselwängle). Dreimal quert der rot markierte, teils steile und steinige Steig in der Folge eine breite Schotterstraße. Dann läuft er kurz an einer Piste entlang zur Kiesstraße, auf die wir in einer Kurve geradewegs überwechseln. Auf ihr ca. 300 m bergab, bis wir rechts die Fortsetzung unseres Steiges finden. Er stößt bald wieder auf die Schotterstraße, der wir nun nach rechts zurück zur **Talstation des Krinnenliftes** (1130 m) folgen.

Jenseits des Tannheimer Tales ragen die Tannheimer Berge mit ihren senkrechten Südwänden auf.

Register

OSTALLGÄU UND TANNHEIMER TAL

KARTEN

Zum Heraustrennen

BRUCKMANN

1 Von Stötten auf den Auerberg

Wallfahrtskirche und Römerwälle: Stötten – Römerweg – Auerberg – Römerweg – Stötten

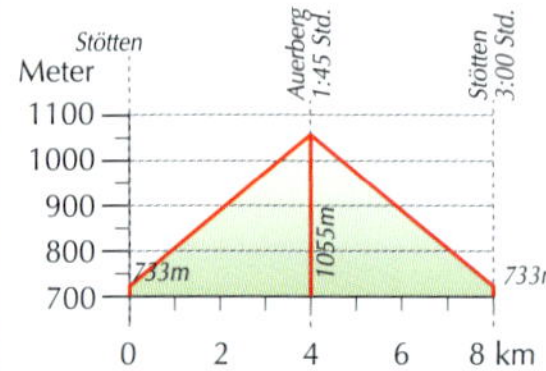

- **Ausgangs- und Endpunkt:** Das Ortszentrum von Stötten.
- **Markierung:** Wegweiser.
- **Verkehrsanbindung:** Stötten liegt 7 km südlich von Marktoberdorf an der B 16. In Stötten Bushaltestelle der Linie Füssen–Marktoberdorf.
- **Einkehr:** In Stötten und auf dem Auerberg.

2 Rund um Roßhaupten

Vom Forggensee zum Buch: Roßhaupten – Mangmühle – Forggensee – Tiefentalkapelle – Kobus – Buch – Roßhaupten

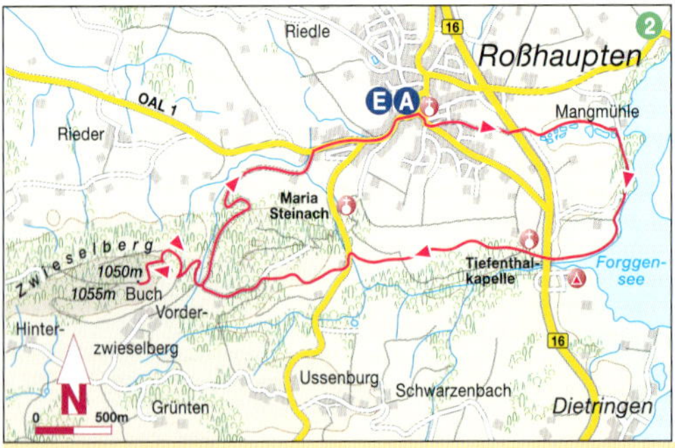

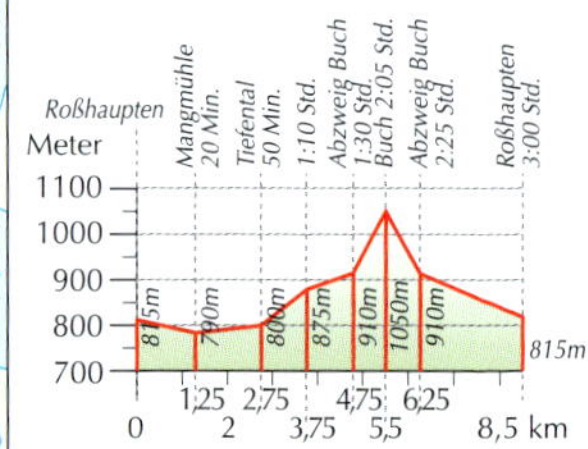

- **Ausgangs- und Endpunkt:** Die Kirche im Ortszentrum von Roßhaupten.
- **Markierung:** Wegweiser.
- **Verkehrsanbindung:** Roßhaupten liegt am nordwestlichen Ende des Forggensees nahe der B 16. Verschiedene Parkmöglichkeiten im Ort; Busverbindung in verschiedene Richtungen.
- **Einkehr:** In Roßhaupten.
- **Unterkunft:** In Roßhaupten.

3 Von Buching auf den Buchenberg

Am Rande der Ammergauer Alpen: Buching – Kulturenweg – Buchenberg – Rundweg – Buchenberg – Bachweg – Buching

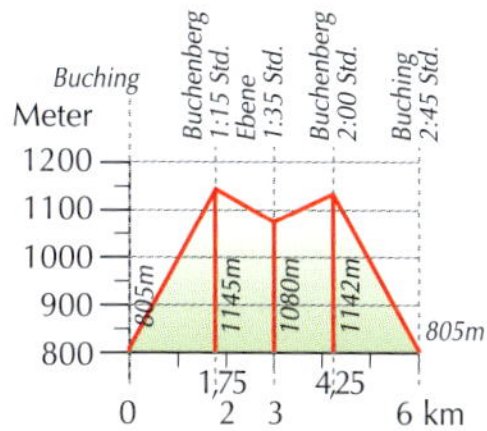

▶ **Verkehrsanbindung:** Die Talstation der Buchenberg-Sesselbahn liegt an der B 17 (Romantische Straße) am südlichen Ortsrand von Buching.
In Buching Haltestelle der Buslinie von Füssen nach Steingaden.

▶ **Einkehr:** In der Buchenberg-Alm auf dem Gipfel des Buchenbergs.

▶ **Unterkunft:** In Buching und den Nachbarorten.

▶ **Ausgangs- und Endpunkt:** Die Talstation der Buchenberg-Sesselbahn in Buching.

▶ **Markierung:** Wegweiser.

4 Rund um den Vorderscheinberg

Panoramarunde über der Kenzenhütte: Kenzenhütte – Bäckenalmsattel – Scheinbergjoch – Lösertaljoch – Kenzenhütte

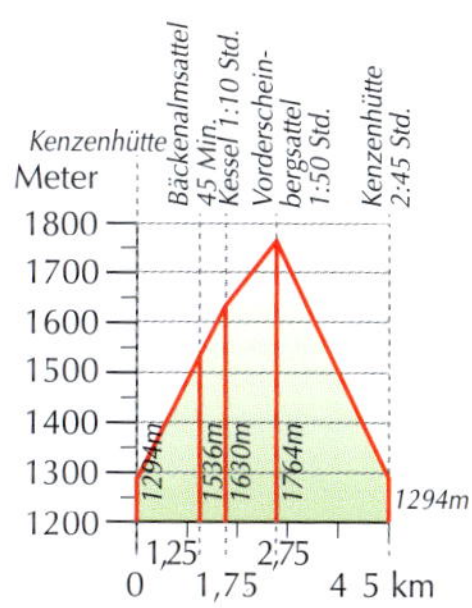

▶ **Ausgangs- und Endpunkt:** Halblech bzw. die Kenzenhütte (1294m) am Nordfuß der Hochplatte. Ab Parkplatz Kenzenhütte am südlichen Ortsrand von Halblech (an der B 17 ausgeschildert) fahren Kleinbusse zur 12 km entfernten Kenzenhütte.
Abfahrt während der Woche ab 8 Uhr, am Wochenende ab 7 Uhr stündlich bis 11 Uhr, bei Bedarf auch öfter; letzte Rückfahrt um 17.30 Uhr.

▶ **Markierung:** Wegweiser und Farbmarkierungen.

▶ **Verkehrsanbindung:** Halblech liegt nordöstlich von Füssen an der B 17 (Romantische Straße). Busverbindung Richtung Füssen und Steingaden.

▶ **Einkehr:** In der Kenzenhütte.

5 Über die Hochplatte

Hoch über dem Gumpenkar: Kenzenhütte – Hochplatte – Fensterl – Gumpenkar – Kenzensattel – Kenzenhütte

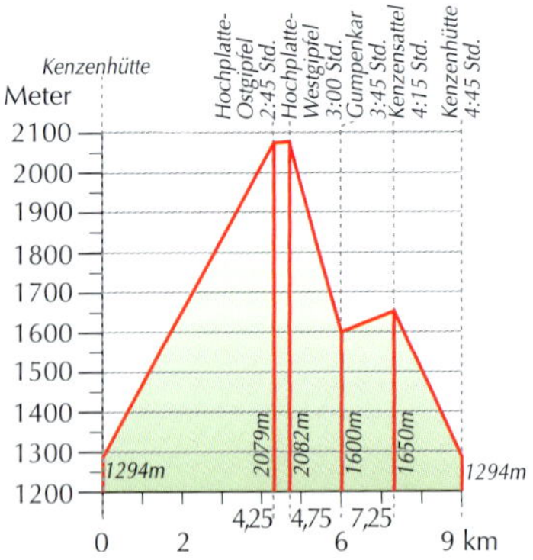

▶ **Ausgangs- und Endpunkt:** Halblech bzw. die Kenzenhütte (1294m) am Nordfuß der Hochplatte. Ab Parkplatz Kenzenhütte am südlichen Ortsrand von Halblech (an der B 17 ausgeschildert) fahren Kleinbusse zur 11 km entfernten Kenzenhütte. Abfahrt während der Woche ab 8 Uhr, am Wochenende ab 7 Uhr stündlich bis 11 Uhr, bei Bedarf auch öfter; letzte Rückfahrt um 17.30 Uhr.

▶ **Markierung:** Wegweiser und Farbmarkierungen.

▶ **Verkehrsanbindung:** Halblech liegt nordöstlich von Füssen an der B 17 (Romantische Straße). Busverbindung Richtung Füssen und Steingaden.

▶ **Einkehr:** In der Kenzenhütte.

6 Im Herzen der Ammergauer Alpen

Zwischen Hochplatte und Geiselstein: Kenzenhütte – Kenzensattel – Gumpenkar – (Krähe) – Geiselsteinsattel – Wankerfleck

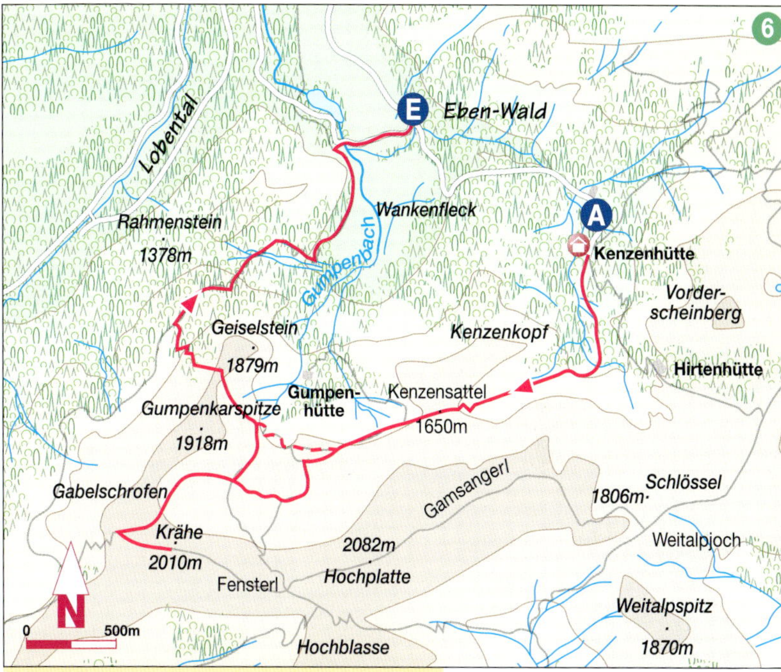

▶ **Ausgangs- und Endpunkt:** Halblech bzw. die Kenzenhütte (1294 m) am Nordfuß der Hochplatte. Ab Parkplatz Kenzenhütte am südlichen Ortsrand von Halblech (an der B 17 ausgeschildert) fahren Kleinbusse zur 11 km entfernten Kenzenhütte. Abfahrt während der Woche ab 8 Uhr, am Wochenende ab 7 Uhr stündlich bis 11 Uhr, bei Bedarf auch öfter; letzte Rückfahrt um 17.30 Uhr.

▶ **Markierung:** Wegweiser und Farbmarkierungen.

▶ **Verkehrsanbindung:** Halblech liegt nordöstlich von Füssen an der B 17 (Romantische Straße). Busverbindung Richtung Füssen und Steingaden.

▶ **Einkehr:** In der Kenzenhütte.

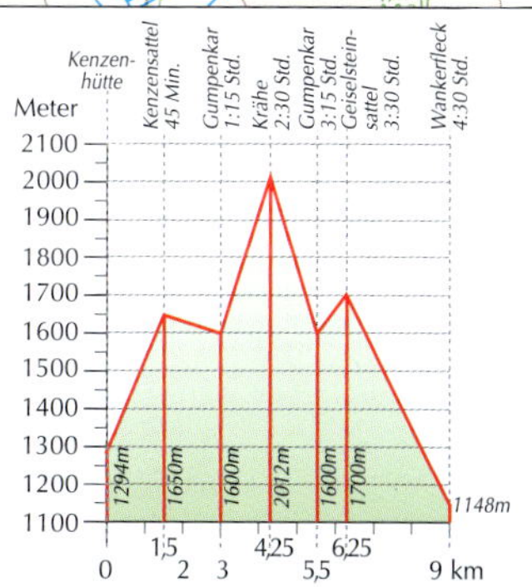

7 Zum Schönleitenschrofen

Stiller Nachbar des Tegelbergs: Tegelbergbahn-Bergstation – Schönleitenschrofen – Drehhütte – Rohrkopfhütte – Tegelbergbahn-Talstation

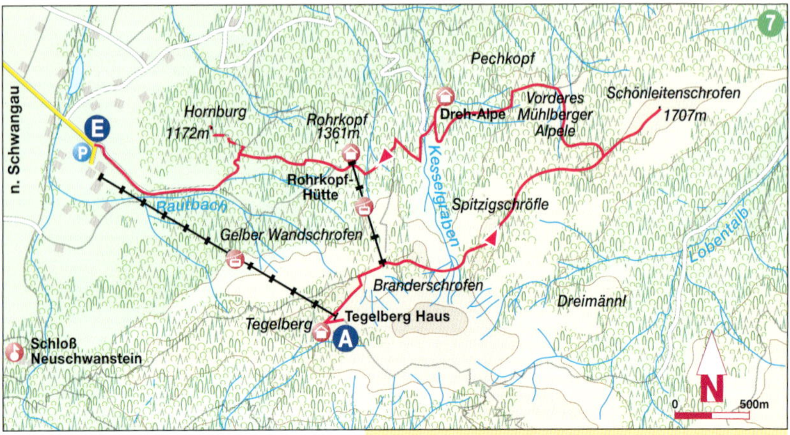

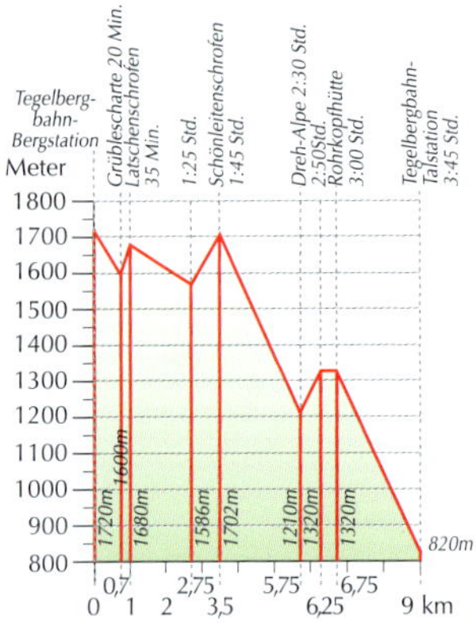

▶ **Ausgangs- und Endpunkt:** Die Berg- bzw. Talstation der Tegelbergbahn.

▶ **Markierung:** Wegweiser und Farbmarkierungen.

▶ **Verkehrsanbindung:** Ausgeschilderte Zufahrt von der B 17 nahe Schwangau zur Talstation der Tegelbergbahn. Bushaltestelle an der Talstation der Tegelbergbahn an der Linie Füssen–Steingaden.

▶ **Einkehr:** Im Tegelberghaus, in der Drehhütte und der Rohrkopfhütte.

8 Vom Tegelberg in die Bleckenau

Im königlichen Jagdrevier: Tegelbergbahn-Bergstation – Branderfleck – Ahornspitze – Ahornhütte – Bleckenau – Pöllatschlucht – Tegelbergbahn-Talstation

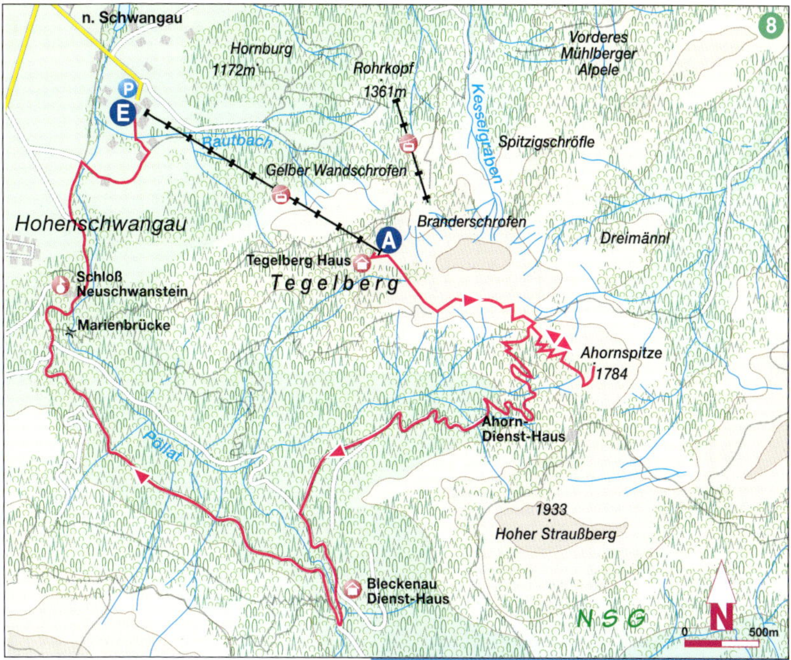

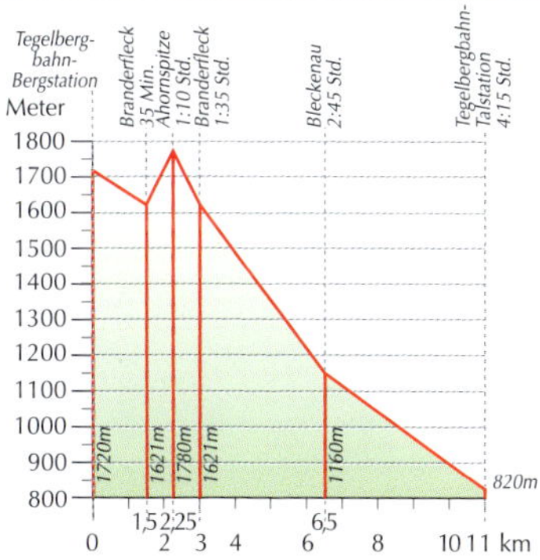

▶ **Ausgangs- und Endpunkt:** Die Berg- bzw. Talstation der Tegelbergbahn.

▶ **Markierung:** Wegweiser und Farbmarkierungen.

▶ **Verkehrsanbindung:** Ausgeschilderte Zufahrt von der B17 nahe Schwangau zur Talstation der Tegelbergbahn. Bushaltestelle an der Talstation der Tegelbergbahn an der Linie Füssen–Steingaden.

▶ **Einkehr:** Im Tegelberghaus und in der Wirtschaft in der Bleckenau.

9 Vom Tegelberg nach Neuschwanstein

Tiefblick zum Märchenschloss: Tegelbergbahn-Bergstation – Branderschrofen – Tegelbergbahn-Bergstation – Neuschwanstein – Tegelbergbahn-Talstation

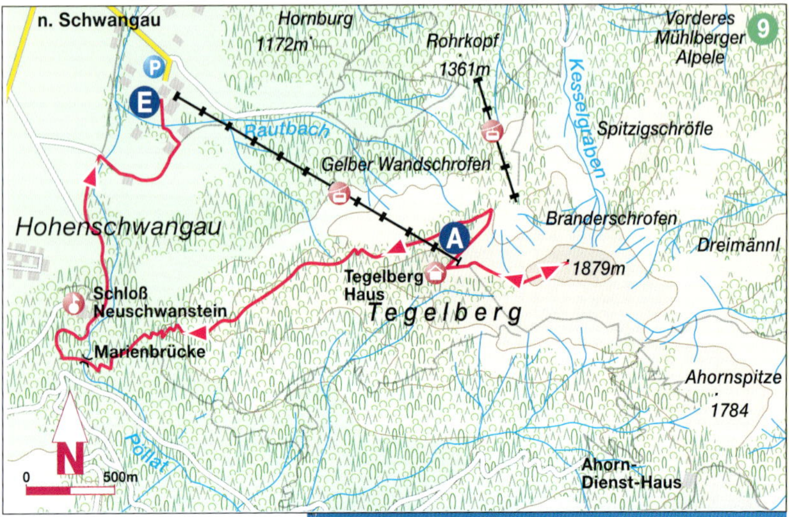

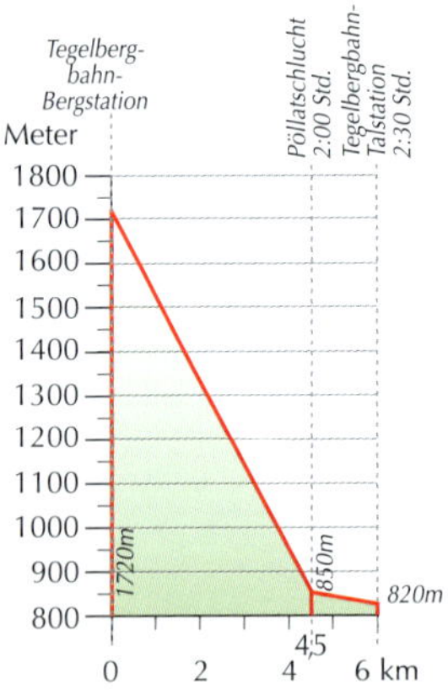

▶ **Ausgangs- und Endpunkt:** Bergstation der Tegelbergbahn (ganzjährig in Betrieb); erste Bergfahrt zwischen 8.30 und 9 Uhr.

▶ **Markierung:** Wegweiser und Farbmarkierungen.

▶ **Verkehrsanbindung:** Ausgeschilderte Zufahrt von der B 17 nahe Schwangau zur Talstation der Tegelbergbahn. Bushaltestelle an der Talstation der Tegelbergbahn an der Linie Füssen–Steingaden.

▶ **Einkehr:** Im Tegelberghaus an der Seilbahn-Bergstation.

10 Von Hohenschwangau auf den Säuling

Felsberg über Schloss Neuschwanstein: Hohenschwangau –Wildsulzhütte – Säuling – Säulinghaus – Wildsulzhütte – Hohenschwangau

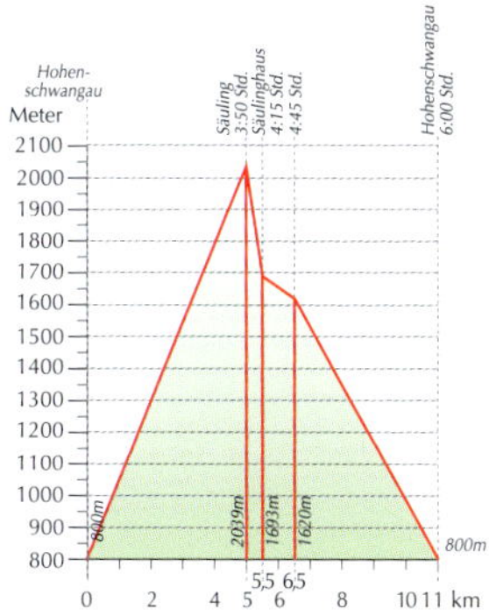

▶ **Ausgangs- und Endpunkt:** Der große Parkplatz in Hohenschwangau am Fuß von Schloss Neuschwanstein.
▶ **Markierung:** Wegweiser und Farbmarkierungen.
▶ **Verkehrsanbindung:** Mehrere beschilderte Zufahrtsstraßen, die bei Schwangau von der B 17 nach Süden zum Parkplatz in Hohenschwangau abzweigen. In Hohenschwangau Haltestelle der Buslinie Füssen–Steingaden.
▶ **Einkehr:** Im Säulinghaus und am Ausgangspunkt.

11 Rund um den Alpsee

Bergsee und Königsschlösser: Hohenschwangau – Alpsee – Israelit – Marienbuche – Neuschwanstein – Pöllatschlucht – Hohenschwangau

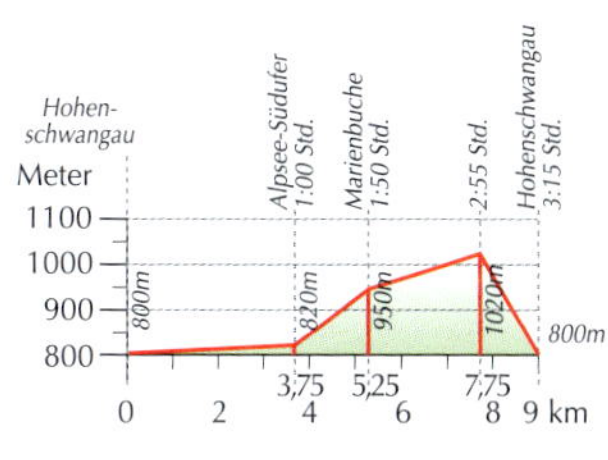

▶ **Ausgangs- und Endpunkt:** Der große Parkplatz in Hohenschwangau am Fuß von Schloss Neuschwanstein.
▶ **Markierung:** Wegweiser.
▶ **Verkehrsanbindung:** Mehrere beschilderte Zufahrtsstraßen, die bei Schwangau von der B 17 nach Süden zum Parkplatz in Hohenschwangau abzweigen. In Hohenschwangau Haltestelle der Buslinie Füssen–Steingaden.
▶ **Einkehr:** In Hohenschwangau.

12 Von Füssen zum Schloss Hohenschwangau

Spaziergang zu den Königsschlössern: Füssen – Lechfall – Alpenrosenweg – Schloss Hohenschwangau – Schwansee – Kalvarienberg – Füssen

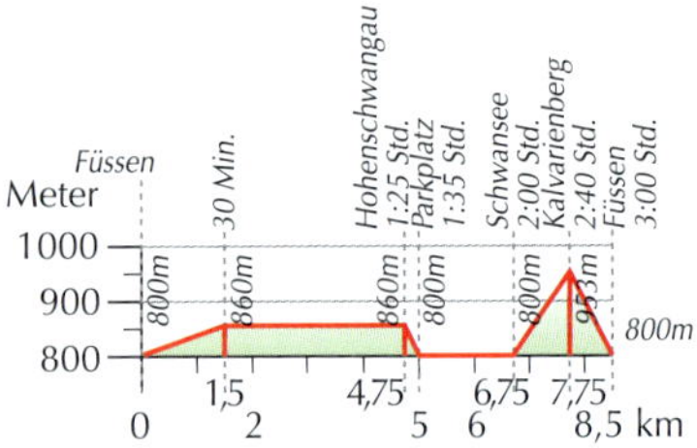

- **Ausgangs- und Endpunkt:** Die Lechbrücke am Südrand der Altstadt von Füssen.
- **Markierung:** Wegweiser.
- **Verkehrsanbindung:** Füssen liegt an der B 17 (Romantische Straße) und ist mit der Bahn problemlos erreichbar.
- **Einkehr:** Am Lechfall, in Hohenschwangau und Füssen.

13 Rund um den Hopfensee

Blauer See am Fuß der Alpen: Hopfen am See – Gasthof Wiesbauer – Burgplatz – Hopfen am See

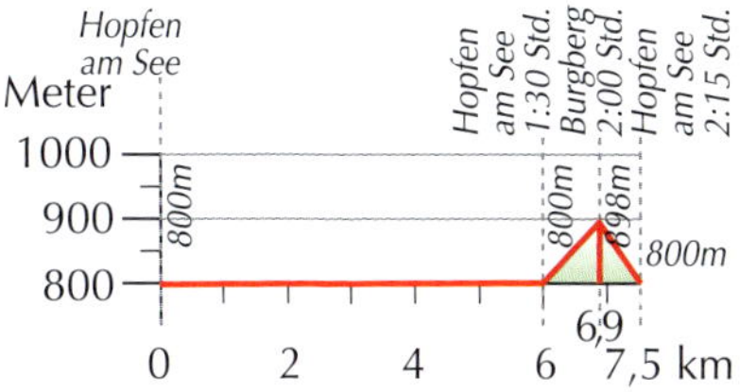

▶ **Ausgangs- und Endpunkt:** Hopfen am See.

▶ **Markierung:** Wegweiser.

▶ **Verkehrsanbindung:** Mit eigenem Fahrzeug aus verschiedenen Richtungen zum am Nordufer der Hopfensees gelegenen Hopfen am See. Parkmöglichkeit entlang der Uferstraße oder bei Überlastung westlich außerhalb des Ortes. Bushaltestelle an der Linie von Füssen nach Pfronten.

▶ **Einkehr:** Im Gasthof Wiesbauer oder in Hopfen am See.

14 Alatsee und Zirmgrat

Seen und Berge zwischen Füssen und Pfronten: Alatsee – Weißensee – Roßmoos – Zirmgrat – Alatsee

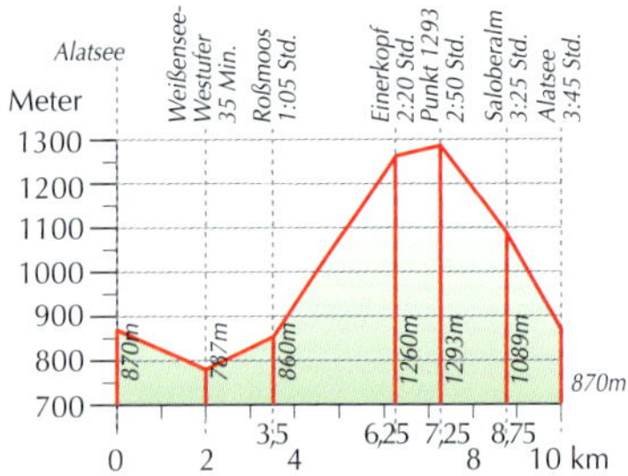

▶ Ausgangs- und Endpunkt: Mit eigenem Fahrzeug der Parkplatz am Alatsee. Bei Anfahrt mit dem Bus startet man am besten im westlich des Weißensees an der B 310 gelegenen Dorf Roßmoos und wählt als Zielort das direkt am Weißensee gelegene Oberkirch.

▶ Markierung: Wegweiser und Farbmarkierungen.

▶ Verkehrsanbindung: Mit eigenem Fahrzeug auf der B 310, die Füssen mit Pfronten verbindet, bis zum Ostufer des Weißensees und von dort auf schmaler, ausgeschilderter Straße aufwärts zum Parkplatz am Alatsee. Mit dem Bus von Füssen, Pfronten oder Nesselwang bis zur Haltestelle Roßmoos an der B 310 und wenige Meter aufwärts zur Brücke, die die Bundesstraße überspannt und über die die beschriebene Tour läuft. Für die Rückfahrt kann man schon in Oberkirch den Bus besteigen.

▶ Einkehr: Am Alatsee und in der Saloberalm.

15 Eisenberg und Hohen-Freyberg

Mächtige Burgen im Alpenvorland: Zell – Schweinegger Weiher – Lieben – Ruine Eisenberg – Ruine Hohen-Freyberg – Zell

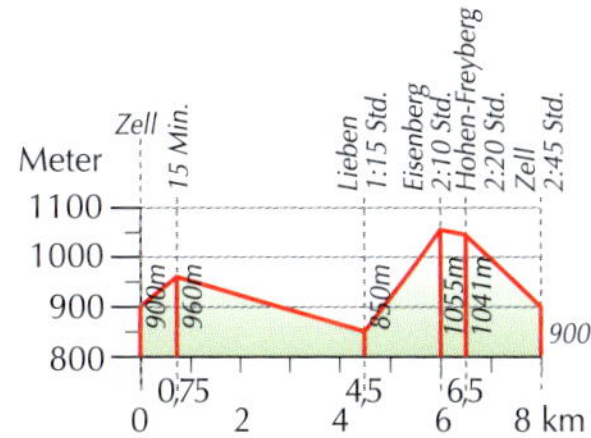

▶ **Ausgangs- und Endpunkt:** Das Dorf Zell am Südfuß des Schlossbergs.

▶ **Markierung:** Wegweiser.

▶ **Verkehrsanbindung:** Zell liegt an der Straße von Pfronten nach Eisenberg bzw. Seeg; gute Parkmöglichkeit nordwestlich des Dorfes auf einem Wanderparkplatz (siehe Wegbeschreibung). Busverbindung ab Bahnhof Pfronten und Füssen.

▶ **Einkehr:** In der Schlossbergalpe und in Zell.

16 Von Pfronten zur Burg Falkenstein

Steiler Burgfels über dem Vilstal: Bahnhof Pfronten-Steinach – Mariengrotte – Burgruine Falkenstein – Schlossangeralp – Bahnhof Pfronten-Steinach

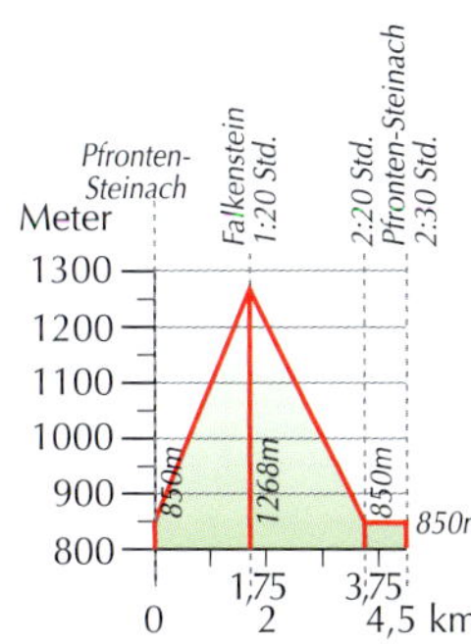

▶ **Ausgangs- und Endpunkt:** Der Bahnhof Pfronten-Steinach.

▶ **Markierung:** Wegweiser und Farbmarkierungen.

▶ **Verkehrsanbindung:** Der Bahnhof Pfronten-Steinach liegt gegenüber der Breitenbergbahn-Talstation an der B 309. Zugverbindung zum Bahnhof Pfronten-Steinach, zusätzlich Busverbindungen nach Füssen, Pfronten und Tannheim.

▶ **Einkehr:** Burggaststätte Falkenstein, Hotel Schlossangeralp und Gasthof Manzenstuben.

17 Vom Breitenberg zum Aggenstein

Felshorn über Pfronten: Breitenbergbahn-Bergstation – Aggenstein – Bad Kissinger Hütte (Pfrontner Hütte) – Reichenbachklamm – Breitenbergbahn-Talstation

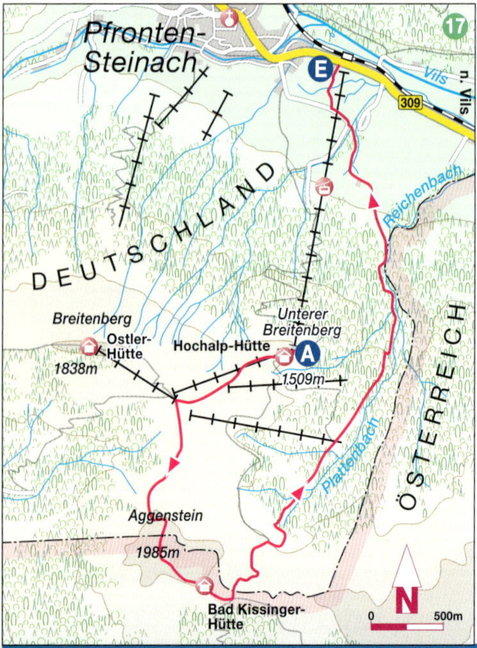

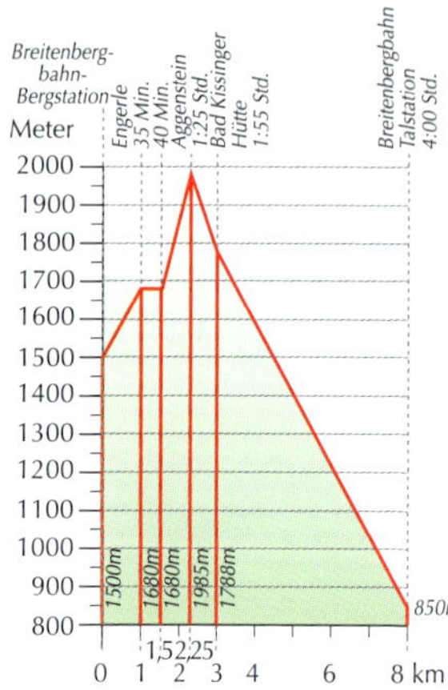

▶ **Ausgangs- und Endpunkt:** Die Bergstation bzw. die Talstation der Breitenbergbahn.

▶ **Markierung:** Wegweiser und Farbmarkierungen.

▶ **Verkehrsanbindung:** Die Talstation der Breitenbergbahn liegt östlich von Pfronten-Steinach an der B 309. Gegenüber der Talstation der Bahnhof Pfronten-Steinach, zusätzlich Busverbindungen nach Füssen, Pfronten und Tannheim.

▶ **Einkehr:** In der Bad Kissinger Hütte (Pfrontner Hütte).

18 Alpspitz und Edelsberg

Sanfte Wanderberge mit großer Aussicht: Alpspitzbahnen – Alpspitz – Edelsberg – Kappeler Alp – Maria Trost – Alpspitzbahnen

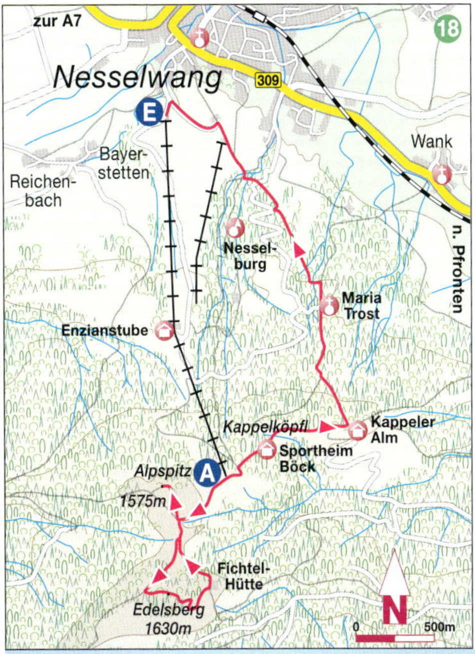

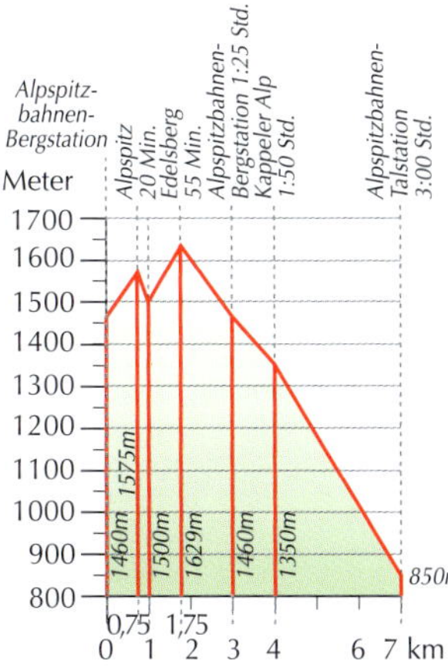

▶ **Ausgangs- und Endpunkt:** Die Berg- bzw. Talstation der Alpspitzbahnen.

▶ **Markierung:** Wegweiser und Farbmarkierungen.

▶ **Verkehrsanbindung:** Auf der B 309 durch Nesselwang und gegenüber der Kirche auf der beschilderten Zufahrtsstraße aufwärts zum südlich über dem Ort gelegenen Parkplatz nahe der Talstation der Alpspitzbahnen. In Nesselwang auch Bahnstation und gute Busverbindungen.

▶ **Einkehr:** An der Bergstation der Alpspitzbahnen, im Sportheim Böck, in der Kappeler Alp und am Ausgangspunkt.

19 Von Schattwald zum Ponten

Sanfte Täler, steiler Gipfel: Schattwald – Pontental – Zirleseck – Ponten – Mittlere Stuibenalpe – Schattwald

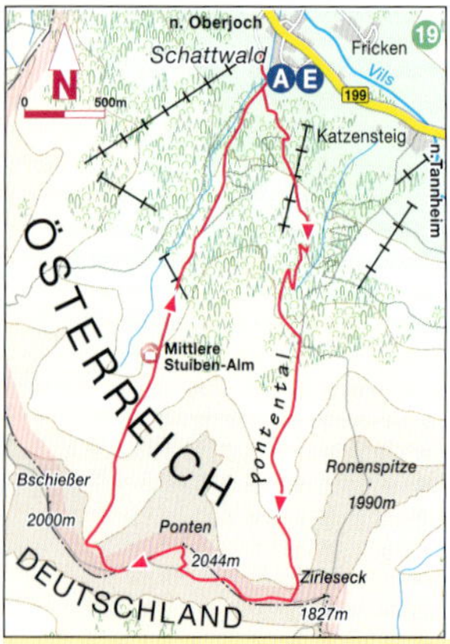

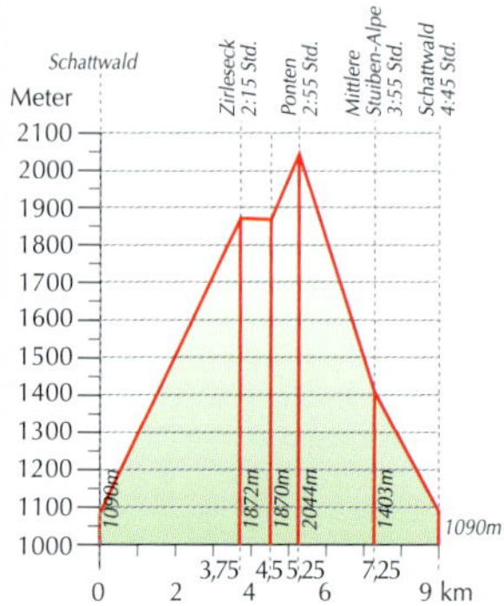

▶ **Verkehrsanbindung:** Mit dem Auto auf der B 199 (auf deutscher Seite B 308) von Oberjoch bzw. aus dem Tannheimer Tal nach Schattwald und vom westlichen Ortsende auf der beschilderten Zufahrtsstraße hinauf zum großen Parkplatz am Wannenjochlift. In Schattwald Haltestelle an der Buslinie von Oberstdorf über Hindelang und Tannheim nach Reutte.

▶ **Einkehr:** An der Mittleren Stuibenalpe.

▶ **Ausgangs- und Endpunkt:** Der große Parkplatz des Wannenjochliftes am Ortsrand von Schattwald.

▶ **Markierung:** Wegweiser und Farbmarkierungen.

20 Von Zöblen auf den Schönkahlen

Stille Familientour mit Aussicht: Zöblen – Oberhalde – Pirschling – Schönkahler – Oberhalde – Zöblen

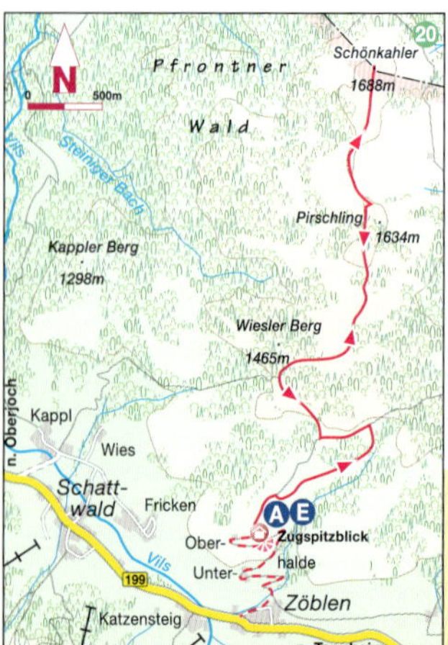

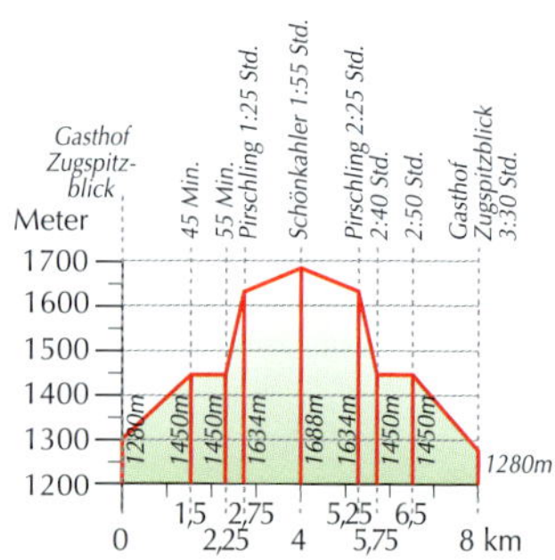

▶ **Ausgangs- und Endpunkt:** Der Gasthof Zugspitzblick nördlich oberhalb von Zöblen.

▶ **Markierung:** Wegweiser und Farbmarkierungen.

▶ **Verkehrsanbindung:** Zöblen liegt im westlichen Tannheimer Tal. Am westlichen Dorfrand beginnt die ausgeschilderte Zufahrtsstraße zum Gasthof Zugspitzblick (siehe Wegverlauf), dort begrenzte Parkmöglichkeit. In Zöblen Haltestelle an der Buslinie von Oberstdorf über Hindelang und Tannheim nach Reutte.

▶ **Einkehr:** Im Gasthof Zugspitzblick.

21 Vom Vilsalpsee zum Gaishorn

Imposanter Bergklotz über dem Vilsalpsee: Vilsalpsee – Vilsalpe – Gaishorn – Obere Roßalpe – Vilsalpsee

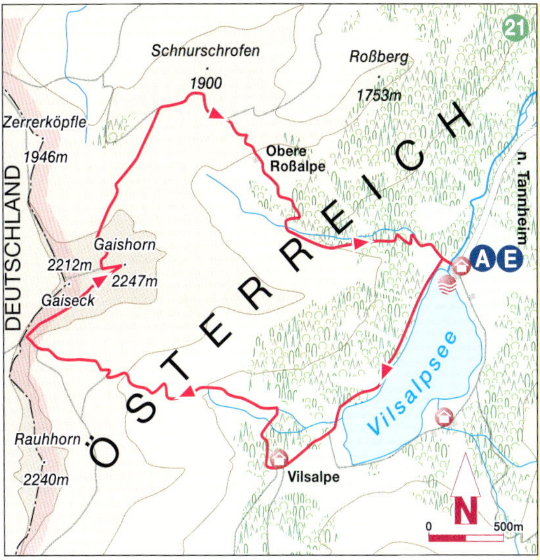

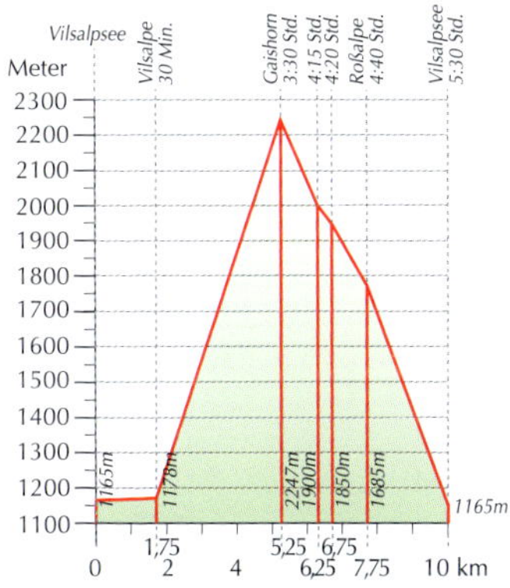

- ▶ **Ausgangs- und Endpunkt:** Der Parkplatz am Vilsalpsee.
- ▶ **Markierung:** Wegweiser und Farbmarkierung.
- ▶ **Verkehrsanbindung:** Auf der B 199 durch das Tannheimer Tal nach Tannheim und dort der Beschilderung folgend auf der Zufahrtsstraße (gesperrt 10–17 Uhr) zum Vilsalpsee (dort gebührenpflichtige Parkplätze, Höchstparkdauer ein Tag). Zum Vilsalpsee Busverbindung von Tannheim.
- ▶ **Einkehr:** In der Vilsalpe und am Vilsalpsee.

22 Zum Bärgacht-Wasserfall

Sanftes Tal zwischen wilden Bergen: Vilsalpsee – Vilsalpe – Bärgacht-Wasserfall – Vilsalpe – Vilsalpsee

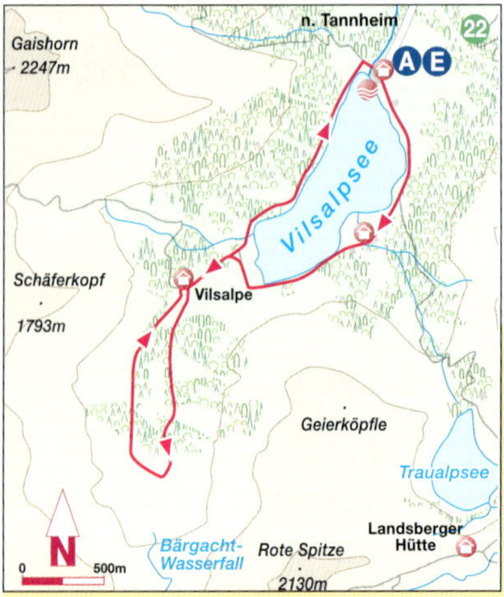

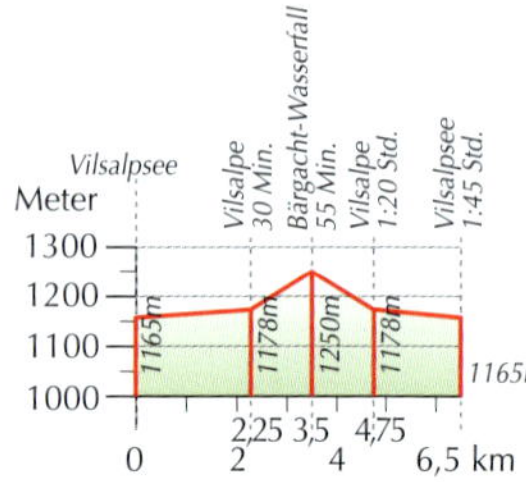

▶ **Ausgangs- und Endpunkt:** Der Parkplatz am Nordende des Vilsalpsees.

▶ **Markierung:** Wegweiser und Farbmarkierung.

▶ **Verkehrsanbindung:** Auf der B 199 durch das Tannheimer Tal nach Tannheim und dort der Beschilderung folgend auf der Zufahrtsstraße (gesperrt 10–17 Uhr) zum Vilsalpsee (dort gebührenpflichtige Parkplätze, Höchstparkdauer ein Tag). Zum Vilsalpsee Busverbindung von Tannheim.

▶ **Einkehr:** In der Vilsalpe und am Gaisalpsee.

23 Zur Lachenspitze

Bergseen und Felsgipfel: Vilsalpsee – Traualpsee – Landsberger Hütte – Steinkarscharte – Lachenspitze – Landsberger Hütte – Vilsalpsee

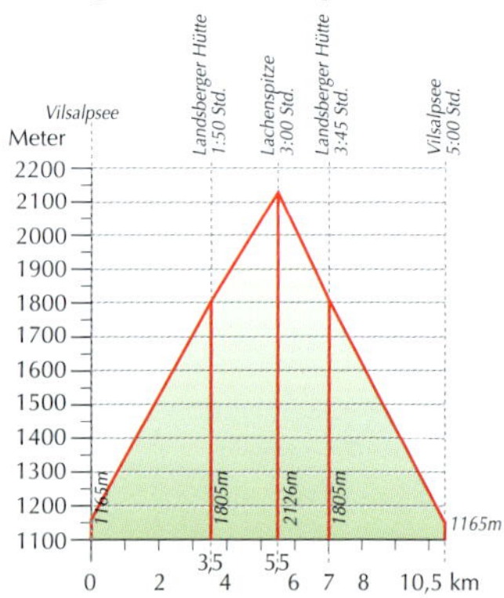

▶ **Ausgangs- und Endpunkt:** Der Parkplatz am Vilsalpsee.

▶ **Markierung:** Wegweiser und Farbmarkierung.

▶ **Verkehrsanbindung:** Auf der B 199 durch das Tannheimer Tal nach Tannheim und dort der Beschilderung folgend auf der Zufahrtsstraße (gesperrt 10–17 Uhr) zum Vilsalpsee (dort gebührenpflichtige Parkplätze, Höchstparkdauer ein Tag). Zum Vilsalpsee Busverbindung von Tannheim.

▶ **Einkehr:** In der Traualpe, der Landsberger Hütte und am Vilsalpsee.

24 Vom Neunerkopf zur Sulzspitze

Hochgebirge light: Neunerkopf – Strindenscharte – Sulzspitze – Strindenscharte – Neunerkopf

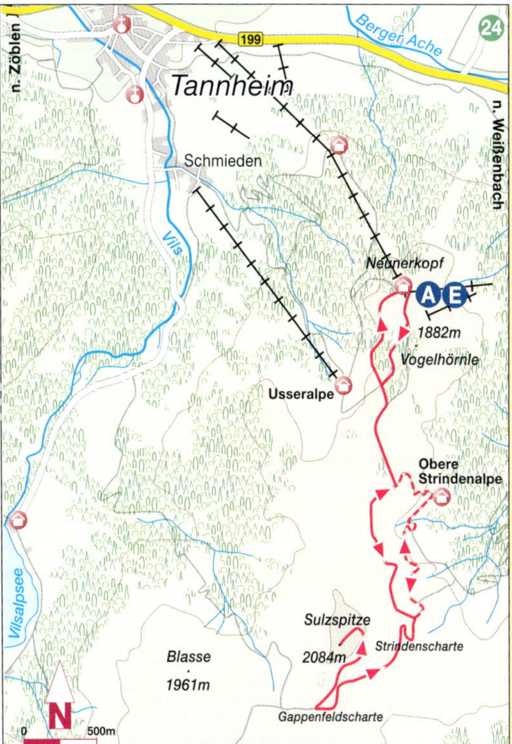

▶ **Ausgangs- und Endpunkt:** Die Bergstation der Vogelhornbahn.

▶ **Markierung:** Wegweiser und Farbmarkierungen.

▶ **Verkehrsanbindung:** Mit eigenem Fahrzeug auf der B 199 von Oberjoch oder Reutte in Tirol aus durch das Tannheimer Tal zur Talstation der Vogelhornbahn am westlichen Ortsrand von Tannheim. In Tannheim Bushaltestelle der Linie, die Reutte über das Tannheimer Tal mit dem Oberallgäu verbindet.

▶ **Einkehr:** An der Bergstation der Vogelhornbahn.

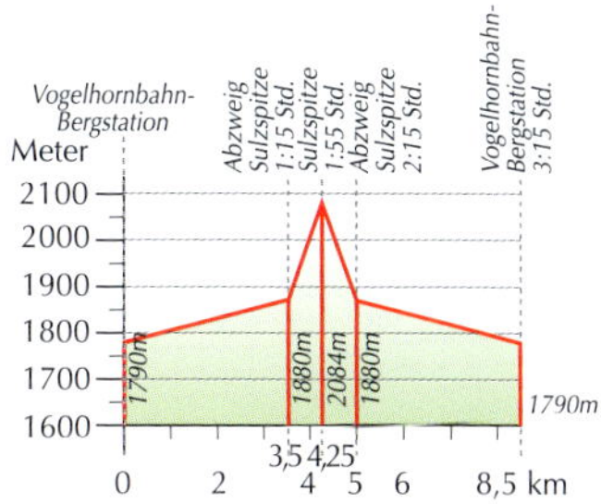

25 Auf den Einstein

Felsberg über Tannheim: Tannheim – Berg – Einstein – Berg – Tannheim

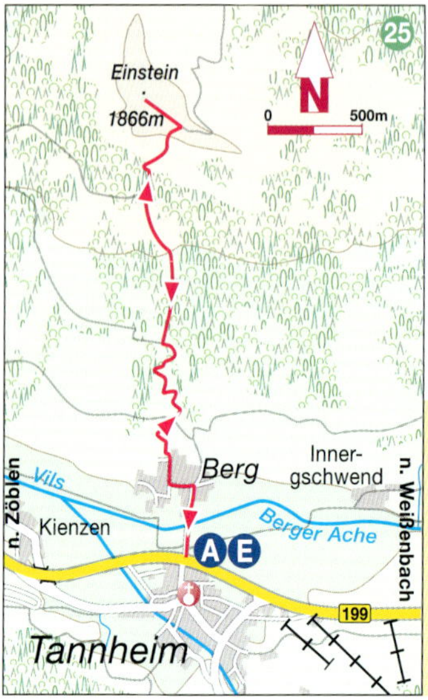

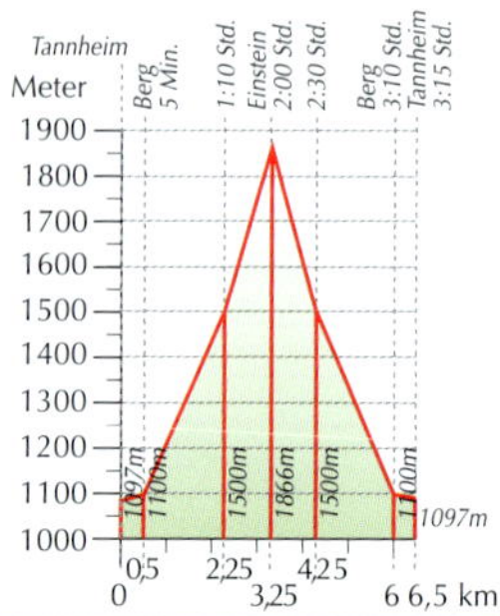

▶ **Ausgangs- und Endpunkt:** Tannheim bzw. der wenig nördlich gelegene Tannheimer Ortsteil Berg.

▶ **Markierung:** Wegweiser und Farbmarkierungen.

▶ **Verkehrsanbindung:** Mit eigenem Fahrzeug auf der B 199 durch das Tannheimer Tal und auf Höhe des Ortszentrums von Tannheim auf der nach Berg und Innergschwend beschilderten Abfahrt die Bundesstraße verlassen und nach wenigen Metern auf dem Parkplatz an der Abfahrt parken. Tannheim liegt an der Buslinie, die von Reutte durch das Tannheimer Tal zum Oberjoch führt, und an der Linie, die von Füssen über Pfronten nach Tannheim und zum Vilsalpsee läuft.

▶ **Einkehr:** In Berg bzw. Tannheim.

26 Zum Schartschrofen

Kleiner Berg vor großer Kulisse: Füssener Jöchl – Reintaljoch – Hallergernjoch – Schartschrofen – Füssener Jöchl

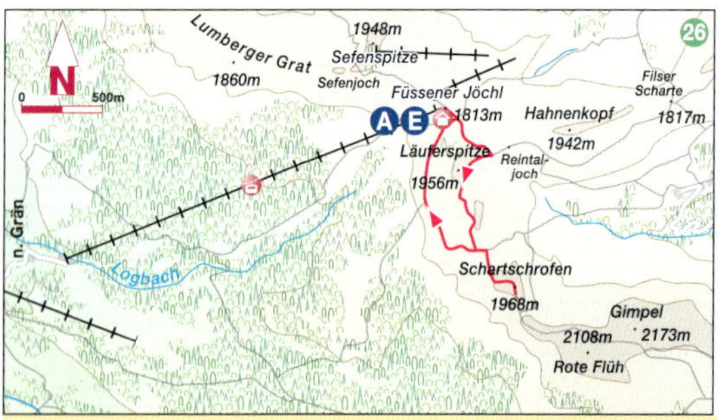

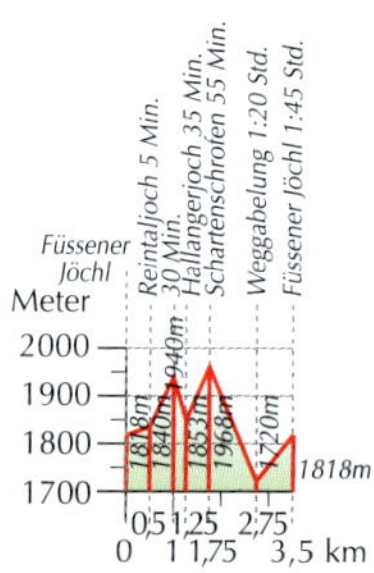

▶ **Ausgangs- und Endpunkt:** Die Bergstation der Bergbahn zum Füssener Jöchl.

▶ **Markierung:** Wegweiser und Farbmarkierungen.

▶ **Verkehrsanbindung:** Mit eigenem Fahrzeug bei Grän von der B 199, die durch das Tannheimer Tal läuft, auf die nach Pfronten ausgeschilderte Straße durch das Engetal abbiegen. Am Ortsrand der Beschilderung zur Füssener-Jöchl-Bahn folgen und kurz aufwärts zum großen Parkplatz an der Talstation. Grän liegt an der Buslinie, die von Reutte durch das Tannheimer Tal zum Oberjoch verkehrt, und an der Buslinie, die Pfronten mit Tannheim und dem Vilsalpsee verbindet.

▶ **Einkehr:** An der Bergstation am Füssener Jöchl.

27 Vom Füssener Jöchl zur Großen Schlicke

Leichter Weg zur großen Aussicht: Füssener Jöchl – Reintaljoch – Vilser Scharte – Große Schlicke – Füssener Jöchl

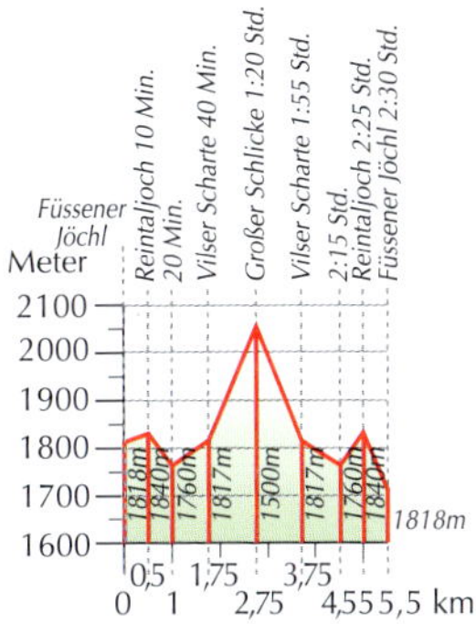

▶ **Ausgangs- und Endpunkt:** Die Bergstation der Bergbahn zum Füssener Jöchl.
▶ **Markierung:** Wegweiser und Farbmarkierungen.
▶ **Verkehrsanbindung:** Mit eigenem Fahrzeug bei Grän von der B 199, die durch das Tannheimer Tal läuft, auf die nach Pfronten ausgeschilderte Straße durch das Engetal abbiegen. Am Ortsrand der Beschilderung zur Füssener-Jöchl-Bahn folgen und kurz aufwärts zum großen Parkplatz an der Talstation. Grän liegt an der Buslinie, die von Reutte durch das Tannheimer Tal zum Oberjoch verkehrt, und an der Buslinie, die Pfronten mit Tannheim und dem Vilsalpsee verbindet.
▶ **Einkehr:** An der Bergstation am Füssener Jöchl.

28 Der Gräner Höhenweg

Abwärts ins Tannheimer Tal: Füssener Jöchl – Sefenjoch – Sebenalm – Bad Kissinger Hütte – Lumberg – Grän

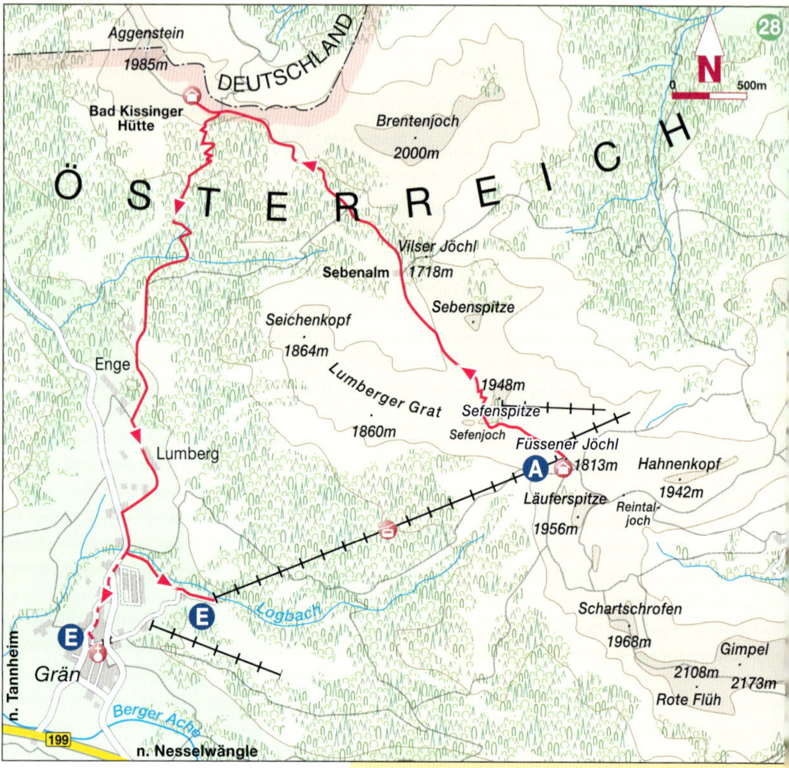

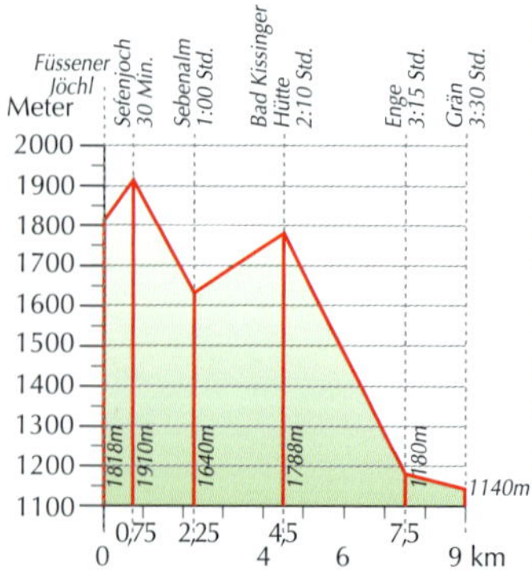

▶ **Ausgangspunkt:** Die Bergstation der Bergbahn zum Füssener Jöchl.

▶ **Endpunkt:** Die Talstation der Bergbahn zum Füssener Jöchl am Ortsrand von Grän.

▶ **Markierung:** Wegweiser und Farbmarkierungen.

▶ **Verkehrsanbindung:** Mit eigenem Fahrzeug bei Grän von der B199, die durch das Tannheimer Tal läuft, auf die nach Pfronten ausgeschilderte Straße durch das Engetal abbiegen. Am Ortsrand der Beschilderung zur Füssener-Jöchl-Bahn folgen und kurz aufwärts zum großen Parkplatz an der Talstation. Grän liegt an der Buslinie, die von Reutte durch das Tannheimer Tal zum Oberjoch verkehrt, und an der Buslinie, die Pfronten mit Tannheim und dem Vilsalpsee verbindet.

▶ **Einkehr:** An der Bergstation am Füssener Jöchl und in der Bad Kissinger Hütte.

29 Auf die Rote Flüh

Im Schatten der Kletterberge: Nesselwängle – Gimpelhaus – Judenscharte – Rote Flüh – Tannheimer Hütte – Gimpelhaus – Nesselwängle

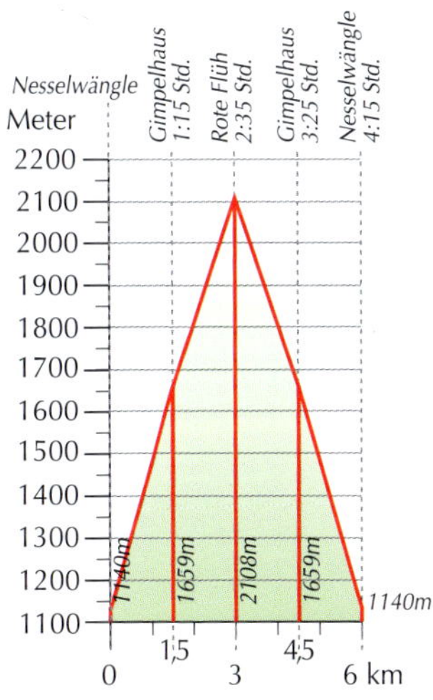

▶ **Ausgangs- und Endpunkt:** Das Ortszentrum von Nesselwängle.

▶ **Markierung:** Wegweiser und Farbmarkierungen.

▶ **Verkehrsanbindung:** Von der B 199, die durch das Tannheimer Tal führt, in das Ortszentrum von Nesselwängle und links neben der Kirche auf schmaler Straße kurz aufwärts zu einer Querstraße. Hier links einige Parkmöglichkeiten. An Wochenenden sind die begrenzten Parkmöglichkeiten in Nesselwängle schnell erschöpft. Dann besser westlich des Ortes an den großen Parkplätzen nahe dem Krinnenlift parken (zusätzlich 10 Min. Anmarsch nach Nesselwängle). In Nesselwängle Bushaltestelle der Linie, die von Reutte durch das Tannheimer Tal zum Oberjoch verkehrt.

▶ **Einkehr:** Im Gimpelhaus und in der Tannheimer Hütte.

30 Über die Krinnenspitze

Der östlichste Gipfel der Allgäuer Alpen: Krinnenlift – Krinnenspitze – Nesselwängler Ödenalpe – Krinnenalpe – Krinnenlift

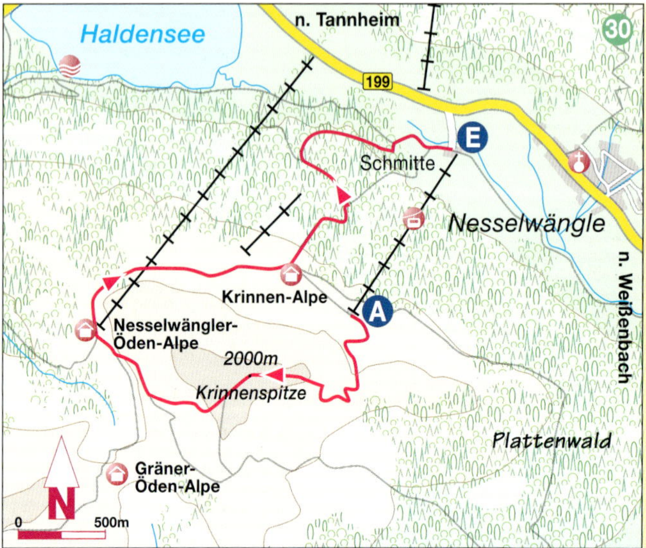

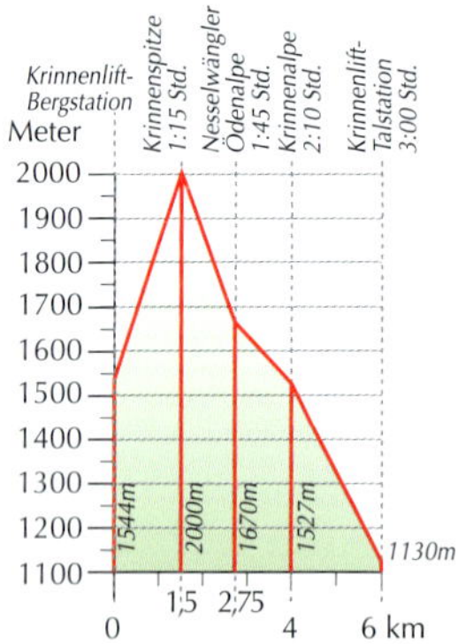

▶ **Ausgangs- und Endpunkt:** Die Berg- bzw. Talstation des Krinnenliftes östlich von Nesselwängle.

▶ **Markierung:** Wegweiser und Farbmarkierungen.

▶ **Verkehrsanbindung:** Mit eigenem Fahrzeug auf der B 199 durch das Tannheimer Tal, bis wenig östlich von Nesselwängle nach Süden die beschilderte Straße zum nahen Krinnenlift abzweigt. Busverbindung auf der Strecke, die Reutte in Tirol durch das Tannheimer Tal mit dem Oberallgäu verbindet.

▶ **Einkehr:** Auf der Nesselwängler Ödenalpe (Edenalpe) und auf der Krinnenalpe.